ビジネスエリートになるための

教養としての投資

奥野一成
農林中金バリューインベストメンツ CIO

ダイヤモンド社

ビジネスエリートになるための

教養としての投資

はじめに

「投資家の思想」が日本を救う

私は、強い危機感を持ってこの本を書き始めています。

皆さんも感じていらっしゃることだと思いますが、日本は少しずつ、確実に貧しくなっています。それでも平成の時代は昭和の遺産を食いつぶすように生きながらえることが出来ましたが、令和の時代にはますます厳しさが増していくことは間違いありません。

これを食い止めるにはどんな方法があるのか。

その一つは、一人ひとりが「投資家の思想」を持つことだと思います。これまで多くの日本人は「労働者の思想」しか持っていませんでした。しかしその思想では、もう未来がないのです。

「投資家の思想」こそが日本の未来を切り開くと私は信じています。少なくとも、その思想を持てた人は、生き残ることが出来ます。これから、少し厳しい話もしますが、「投資家の思想」を持つとはどういうことかを書いていきたいと思います。

私は、「農林中金バリューインベストメンツ株式会社（ＮＶＩＣ）」という会社でＣＩＯを務めております。ＣＩＯとはChief Investment Officerのことで、日本語では最高投資責任者になります。

農林中金バリューインベストメンツはお金を運用して殖やすことを目的としている会社です。現金をそのまま持っていても、自然と金額が殖えることはありません。銀行に預けていても、超低金利の現代では、ほとんど殖えません。でも、１万円を投資に回せば、１万２０００円、１万３０００円というように殖やすことが出来ます。

では何に投資するのかというと、この世の中にはお金を殖やすための対象がたくさんあります。企業が発行している株式や債券、国が発行している債券、不動産、通貨、金やプラチナなどの貴金属、豚肉や大豆などのコモディティ、さらには企業が生産規模を拡大するために行う「設備投資」も、広義の投資に含まれます。

このうち私たちが行っているのは、株式を中心とした有価証券への投資です。そして私の仕事であるＣＩＯは、この世の中にたくさんある企業の中から、どの企業に投資すればより大きくお金を殖やすことが出来るのかを考えて、最終的な判断を下す役目を担っています。

株価が常に上がったり下がったりしていることは、皆さんもご存じだと思います。そして、株式に投資する以上、自分が買った時に比べて株価が値下がりすることもあります。

でも、「うわ〜、損した」なんて思ったことは、私は一度もありません。なぜなら、私は株価を買っているわけではなく、あくまでも事業を買っているからです。株式投資を通じて、将来、確実に成長するだろうと思える事業に投資するので、多少株価がぶれたとしても、それに一喜一憂することは一切ありません。事業が成長すれば、いずれ株価も値上がりすることを、私はかれこれ二十数年に及ぶ投資家人生の経験を通じて知っています。ちなみに私が投資している株式の大半は、いったん投資するとずっと売らずに持ち続けているものばかりです。

そう言うと、株式投資をしている多くの人は驚きます。別に自慢しているわけではないのですが、多くの株式投資家が短期間で売ったり買ったりを繰り返しているのとは、全く違う投資の仕方をしています。そして確実に、結果を出し続けています。

投資はビジネスの最良の教科書である

これから私が申し上げていくのは、「20年間持ち続けられる銘柄の探し方」といったような、株式投資のノウハウに関する話ではありません。今回の中心テーマは、投資をすることがビジネスパーソンとしていかに大事であるかということです。ここで言う投資とは、チャートとにらめっこして売り買いを繰り返すことではありません。それは「投資」ではなく「投機」です。ギャンブルとなんら変わりありません。私が言う「投資」とは、もっと大局的でビジネスの本質に関わるものです。

誰もがいつかは必ずなんらかの形で働くことになります。自動車メーカー、各種部品メーカー、建設会社、金融機関、飲食業、その他のサービス業、通信会社など、さまざまな会社があって、そのいずれかに所属して働く人もいますし、なかには自分で会社を興す人もいますが、いずれにしても働くことによってお金を稼ぎ、稼いだお金で生活します。当然、より多くのお金を稼げる人は、その分だけ豊かな暮らしをすることが出来ます。

では、どうすればビジネスの世界で成功できるのでしょうか。その答えの一つが、「投資」にあるのだと思います。

投資で成功するために重要なのは「総合力」です。総合力とは、バラバラになっているものを一つにまとめ上げる力のことです。

小学校、中学校、高校までの勉強は、すべてが縦割りのカリキュラムになっています。国語、数学、地理、歴史、公民、物理、化学、英語、というように科目が分かれていて、地理だったらひたすら地理、歴史だったらひたすら歴史の勉強だけをします。

しかし、社会人になってから必要になるのは、一つひとつの教科の知識ではありません。それまで学んできた各科目を組み合わせる能力です。

たとえばNHKの「ブラタモリ」はとても面白い番組ですね。私はこの番組の大ファンで毎週欠かさずに視ているのですが、どうして面白いのかを時々考えます。

もちろんタモリさんのキャラクターが素晴らしいこともあるのですが、やはり総合力の妙なのだと思います。タモリさんがいろいろな街を散歩しながら、その街に昔から残されている建物、神社仏閣、坂、川、などについて独自の観点から探っていくのは、まさに地学と地理と歴史、さらには経済学も合わさった組み合わせによる面白さだと思うのです。

個人的な体験を言わせていただきますと、2018年3月にちょっとお休みをいただいて、スペインのバルセロナに旅行してきました。多くの方がご存じだと思いますが、あそこにはアントニオ・ガウディが設計した「サグラダ・ファミリア」があります。未完の世界遺産であり、着工は1882年3月19日ですから、2020年時点で138年が経過しました。当初、完成には300年かかるなどと言われていたようですが、近年のテクノロジーの進化や観光収入増などによって、2026年には完成するという声もあります。

ガウディがこの世に生を受けたのは1852年のことでした。ということは、サグラダ・ファミリアが着工されたのは、ガウディが30歳の時になります。スペインが「太陽の沈まない国」と言われ、大繁栄を謳歌したのは16世紀中盤から17世紀前半の約80年間です。完成すれば欧州で最も高い宗教建築と言われているサグラダ・ファミリアをガウディが造り始めた時期は、もはやスペイン帝国時代の繁栄は終わっていて、没落の歴史の渦中にあったと思われます。

なぜ、そのような没落の歴史のさなかに、あのような大建築物を建てようと考えたのでしょうか。よく考えてみると不思議ですよね。没落していたら、それこそ何から何まで世の中全体が節約ムードになって、あんな大建築物を建てようなどというモチベーションが沸き起こるはずがありません。

そう考えるのが普通ですよね。ところが着工したわけです。私にとって、これはなかなか興味深い発見でした。恐らく、「没落の中の豊かさ」のようなものがあったのでしょう。国はどんどん植民地を失って没落しているのだけれども、繁栄していた時に蓄積した富が豊富にあったから、その富を持っている大金持ちがパトロンになり、ガウディのような芸術家の活動を支えたのだと思います。

「そんな知識や考察は、いくら持っていても何の役にも立たない」とおっしゃる方もいると思います。確かに、ビジネス実務をきちんと進めていくのに、スペインの歴史の知識はあまり役に立たないかもしれません。そもそも「没落の中の豊かさ」という仮説も事実とは異なるかもしれません。

しかし、このように目にしたもの、歴史的な事実から思いを巡らせて、その国の歴史的背景、文化的背景に関する仮説を導くことによって、グーグルで調べるだけでは得られない自分なりの主張を持つことが、ビジネスでは極めて重要です。なぜなら、世界中のビジネスエリートは、自分なりの仮説構築・検証という思考癖を当然のようにもっているからです。自分なりの歴史観、価値観など、単なる知識ではない、広い意味での教養を持っていることが、ビジネスをすすめる上での前提条件になっているのです。数字やデータを知っているだけでは良いビジネスは出来ません。つまり、教養はビジネスでも必要だということです。

なんだか話が逸れてしまったような気もしますが、何を申し上げたいのかというと、さまざまな知識を総動員して結果に結びつけていく作業プロセスは、投資もビジネスも同じだということです。つまり、幅広い知識を身に着けるのと同時に、それを上手に組み合わせて自分なりの仮説を導くことが出来れば、投資でもビジネスでも成功する可能性がグンと高まるのです。

投資は知の総合格闘技です。投資で成功するには、ビジネスに必要な知識を総合的に高めていくしかありません。そうすると自分の資産を大きく殖やすことも出来るはずですし、結果的にビジネスで成功することも出来るでしょう。一時期話題に上った「老後2000万円問題」なんて、全く大したことではない話になってきます。

「投資家の思想」を持つことが出来れば、世の中の見方が変わってくるのです。「労働者の思想」では見えなかったものが見えてきます。他の会社の動きや、世界の動きがわかるようになります。大局的な視点で自分の仕事も見つめられるようになります。それは、経営者と同じ意識を持つということです。経営者と同じ意識を持って動く人間と、言われたことしかやらない人間。どちらが出世するかは目に見えていますよね。だから投資こそが、ビジネスの最良の教科書なのです。

私はこれまで多くの経営者と会ってきましたが、優秀な経営者は、ほとんどの場合、優秀な投資家でもあります。若い頃から投資に接し、世界の見方を学んできた人たちばかりです。ウォーレン・バフェットが「私は投資家であるがゆえにより良い事業が出来る」と断言している通りです。

いくらリーダーシップがあっても、いくら素晴らしいアイデアマンだったとしても、それだけではビジネスを大きくすることは出来ません。投資家の目線を持って、より広く、より大きくビジネスの本質を捉えるクセを持っていなければ、ビジネスで成功することは出来ないのです。なぜならば、我々が生きているのは資本主義社会だからです。資本主義の仕組みをよく理解した人が資本主義社会で成功するのは当たり前のことです。そういう人たちが一人でも二人でも増えていけば、きっと日本の未来を変えてくれると私は信じています。

教養としての投資◎目次

はじめに

《1時限目》投資家の思想が人生を成功に導く

《2時限目》私の投資家人生

《3時限目》

日本人はなぜ投資が苦手なのか?

《4時限目》

「投資」と「投機」は違う

《5時限目》売らない株を買えばいい

《6時限目》

ファンドマネジャー流 株式投資で成功するコツ

《補講》

資産形成で失敗しないために

おわりに

《1時限目》

投資家の思想が人生を成功に導く

労働者2・0を目指せ

まず、働き方の話からしていきましょう。学校を卒業すると誰もが社会人として働くようになります。なかには起業家として自分の会社を立ち上げる人もいますが、圧倒的に少数派です。大半の学生は就職活動をして、どこかの会社や役所に入り、組織の一員として働くのが当たり前であると考えているでしょう。

でも、それは誰が決めたんでしょうか。学校を卒業したら組織の一員として働かなければならないなんてことは、どの法律にも書かれていません。

「親が働けって言うから」

「将来が不安だから出来るだけ大きな会社に入りたい」

「学校を卒業したのにフラフラしていたら世間体が悪い」

いろいろな意見があると思いますが、自分で特にこれをやりたいという気持ちが希薄なまま、社会人になっている人は大勢います。いや、大半がそうかも知れません。そうやって社会人になった後、上からの指示に従って「それが勤め人というものだ」などと自虐を交えながら、それでも日々の生活を支えるために働いている人たちのことを、私は「労働者1・0」と称しています。

つまり、労働者としてのマインドセットしか持ち合わせていない人たちのことです。よく酒場などで、「あの上司、ふざけんなよ」などと愚痴を言いながら苦い酒を呑んでいる人を見かけますが、こういう人たちが典型的な労働者1・0です。むかつく上司の命令にも従わざるを得ないのは、労働者1・0のマインドセットしか持っていないあなた自身の問題でもあります。もし嫌な上司の命令を受けたくないのであれば、そこから一歩飛び出す方法を考えて実践すれば良いでしょう。それは、そんなに大変なことではありません。

労働者1・0の人たちは、常に受動的です。いわゆる「指示待ち」ですね。上司から何か言われないと動かない人たちです。いつまで経っても使われる側でしかありません。それは、自分の時間と才能という自己資産を、他の誰かから搾取されているのと同じです。稼ぎだって、結局は自分の時間を切り売りしているようなものですから、「時間×時給」分の収入しか得られません。最近は「副業」なんてものが流行っていますが、あれだって結局、自分が働いて収入を得ているだけですから、2か所、あるいは3か所で労働者1・0をやっているに過ぎません。そもそも、そんなに副業をしていたら、いくら会社が副業OKでも、いずれ身体を壊します。

このような働き方と対極にあるのが、「資本家」です。完全な資本家は資本、すなわちお金を出して、他の人を働かせます。「オーナー経営者」もそれに近いのですが、この場合は自分で資本を出しながら、自らも会社の経営に参画しているので、完全な資本家とはやや立ち位置が異なります。

とはいえ、完全な資本家もオーナー経営者も、他人を働かせるという点では同じです。ちょっと悪い言い方になってしまいますが、資本家は他人の才能と時間を使う立場であるということです。そして、資本家にただひたすらこき使われるのが、労働者1・0というわけです。

もっと言うと、労働者1・0の関心事は自分の身の周りで起きた事象に限られます。それはそうですよね。労働者1・0に求められる能力といえば、言われたことに対して文句を言わずにこなし、与えられた課題に対する正解を探して求める力でしかないからです。結果、自分の身に備わる能力といえば、自分が今、属している職場で求められるものに限定されます。

そんな生活を続けていたら、潰しの利かない人間になってしまいます。会社からリストラされたら、生きていく術がありません。他の会社に転職しようとしても困難を極めます。少なくとも、転職することによってキャリアアップするなどということには、まずならないでしょう。

これに対して資本家は、自分で課題を見つけ、変革する力を持っています。その力を発揮するため、物事を構想する力に加えて、産業構造を理解し、広く世界を知ろうとする意欲を常に持っています。

労働者1・0の人生と資本家の人生。あなたはどちらを選びますか。

これだけネガティブな言い方をすれば、大概の人は資本家になりたいと思うでしょう。それでも「労働者1・0がいい」という人は、相当の怠け者です。

ただ、一足飛びに資本家になるのは難しいのも事実です。

そこで私の提案は、「労働者2・0を目指せ」というものです。

労働者1・0の「他人に働かされている」というマインドセットを、「自分が働いている」に切り替えてみて下さい。そのためには、自分が持っている才能を搾取されるのではなく、「自らアピールして自分の才能を誰かに売ってやろう」というくらいの気構えを持つようにします。つまり対応する力ではなく、自ら問題を発見して行動する力が

「労働者2.0」へ

	労働者 1.0	労働者 2.0	資本家
マインドセット	**他人に**働かされている	**自分で**働いている	**他人を**働かせる
スキルセット	「対応」する力 （受動的）	「行動」する力 （能動的）	「構想」する力
接点・人間関係	自分の職場のみ	自社全体 顧客 業界	社会全体 コミュニティ
働き方	単に自分の時間を売る	自分の才能を売る	他人の才能や時間を利用する
投資に対する考え方	**投資しない**	自己投資から長期投資へ	長期投資

必要になります。

自分で主体性を持って働くようになると、自分の世界も広がります。労働者1・0は、自分が属している狭いコミュニティの中での人間関係しか構築できません。でも、労働者2・0として主体性を持って働くようになると、もっと広い世界に目が向くようになります。人間関係も自分が属している部署の上司、同僚、部下だけでなく、自社の中でも他の部署に横断的な人脈を持ったり、業界全体に広がったりします。ここまで来れば、自分の会社が倒産したとしても、それまでに築いてきたスキルや人脈を活用することによって、どの会社にも移籍できますし、起業するという道も開けるでしょう。

貧困は遺伝する

「貧困は遺伝する」などと言うと、いろいろなところで炎上しそうな気もするのですが、これは冷徹な事実です。特に欧米社会においては、たとえば年収150万円程度の労働者階級の家の子供が成り上がれるかというと、その可能性は絶望的なまでに低いと言わざるを得ません。

なぜ貧困は遺伝するのか？　それは、貧困な親は相当な確率で「労働者1・0」であり、そんな親が子供に「労働者2・0になれ！」などとは普通は教えないからです。逆にある程度、裕福な家庭では、親が子供に対して積極的に資本家としてのマインドセットを教えようとします。たとえお金持ちだったとしても、その財産を相続する時には相続税で相当程度、国に持っていかれますから、相続人の手元に残る財産なんてたかが知れています。もちろん、それでも莫大な資産があれば、相続税を差し引かれても残る部分はありますが、お金持ちの家がお金持ちであり続けられるのは、やはり親から子へ、子からまたその子へと引き継がれていく、資本家としてのマインドセットがあるからだと思います。大事なことはお金が相続されることではなく、資本家の思想が親から子へ、子から孫へ伝授されるということです。

村上世彰《よしあき》さんという投資家をご存じでしょうか。彼は通商産業省（現在の経済産業省）を経て、退官後は４０００億円超の資金を運用する投資会社を率いていました。村上ファンド事件などもありましたが、彼の投資家としての血は、投資家だった父親譲りと言えるでしょう。何しろ小学校３年生の時に父親から大学生までのお小遣いとして１００万円を渡されて、大学を卒業する時には、それを１億円にしたことで知られています。これは私の想像に過ぎませんが、きっと村上さんのお父さんは、自分の経験から投資で成功するための秘訣を、自分の息子にいろいろ伝えたのだろうと思います。投資ノウハウというより、より重要な資本家のマインドセットが自然に伝授されたということです。

先ほど、欧米では貧困層から成り上がるのは非常に難しいと言いました。なぜなら資本家マインドセットが育まれる欧米の有名大学は大半が私立だからです。当然、私立大学ですから多額の授業料がかかります。ハーバード大学になると、４年間でかかる授業料は２４００万円程度と言われており、いくら優秀な子供だったとしても、親に経済力がなければ学ぶことは出来ません。

公的教育システムが貧弱な欧米においては、資本家マインドセットをもったお金持ちによってつくられた私立の教育機関（プライベートスクール）で自分の子弟の教育を行いますから、結果として、お金持ちの子供は自然と資本家マインドセットを学ぶこととなる。これが、貧富の差が固定化しやすい背景となっているのです。

それに比べれば、まだ日本には救いがあります。なぜなら、公的教育システムのインフラが整っているからです。確かに最近は小学校から私立に入れる家庭も増えてきてはいますが、たとえ公立学校でも本人にその気があれば、一定の学力水準を満たすことが出来ます。あとは、そのインフラを活用して、大人が働くことの本当の姿を子供たちに教えてあげれば良いのです。

ただ、ここにひとつ大きな問題があります。日本の学校の先生、特に公立学校の先生は、どういうわけかリアルなお金の話を子供の前でしたがりません。それどころか、「投資でお金を稼ぐなどというのは、悪者の考えることだ」とでも言わんばかりです。額に汗して働くことが美しいというのが、日本の公立学校の先生の価値観なのです。だから、そこをどう変えていくかが、これからの日本の教育にはとても重要になってきます。

学校が教えてくれないのであれば、子供を持っている親御さんが教えてあげれば良いのです。「いずれお前も社会に出て働くようになる。その時は労働者２・０のマインドを持って働くようにしなければいけない」というくらいのことを言ってあげましょう。

そのためには子供を持っている親御さん自身が、今の自分の考え方を改めなければなりません。自分の働き方をよく見つめなおしてみて下さい。労働者１・０の働き方をしていませんか。もしそうだとしたら、何もしなければ、自分の子供も労働者１・０のマインドしか持てなくなってしまいます。まさにそれこそ貧困を遺伝させてしまう元凶です。

親御さん世代へのメッセージになってしまうのですが、自分が労働者１・０だと自覚しているならば、せめて子供には「俺のようになるな」と言ってあげて下さい。それは自分の過去を否定するようなものですから、辛いことだと思います。でも日本を少しでも良くするためには、自分の過ちを受け容れ、次代を担う子供たちが前車の轍を踏まないようにメッセージを送ることが、せめてもの務めだと思います。

それを家庭できちんと子供に伝えられれば、日本のビジネスパーソンのマインドセットが徐々に労働者２・０へとシフトし、貧困の遺伝を断ち切ることが出来るはずです。

投資をすれば働き方のマインドが変わる

資産形成についても、労働者1・0の人と労働者2・0の人とでは違ったものになります。そもそも労働者1・0のマインドには「投資をする」という発想がありません。それはそうですよね。自分の時間と才能を切り売りして働くのが労働者1・0ですから、自分が持っているお金の一部を投資に回して、他人の労働から分配を得るという発想には、絶対にならないのです。

労働者1・0の資産形成は、額に汗して働くことで得た収入の一部を、虎の子のように預金へと回します。それをひたすら繰り返して、少しずつ元本を積み上げていきます。ところが昨今はご存じのように超低金利ですから、いくらたくさんのお金を預金に回したとしても、利息はほとんどつきません。結果として、労働者1・0は、自らが稼ぎ出した収入の総量を超える資産を形成するのは物理的に不可能なのです。

これに対して労働者2・0のマインドを持つようになると、自然と資産形成に投資を組み込もうという発想が生まれてきます。広い視野で世の中のビジネスに目を向けることで、自分自身が働く以外にも収入を得る術があることに気づくからです。働き方のマインドセットを変えるのと同時に、資産形成に投資を組み入れることによって、資本家に一歩近づくことになるのです。

投資とは、自分が働くのではなく、投資先の人に働いてもらうことで、そこから得られた収益の一部を分配してもらうことです。このように言うと、「投資なんて不労所得を得るためのろくでもない考え方だ」と批判する人がいますが、それは資本主義の仕組みを全く理解できていない人なので、無視して下さい。

私自身が投資家なのでよく分かるのですが、投資は額に汗することはないかも知れませんが、脳みそは常に汗をかいています。とにかく考えて考えて考え抜いたうえで、投資判断を下しています。決して不労所得を得ているわけではありません。脳みそに汗をかくことは、額に汗をかくことと同等に尊いことを忘れないで下さい。

投資の起源

投資事始めの代表例としてイギリスの東インド会社について簡単に触れておきましょう。

「東インド会社」はイギリスの他、オランダ、フランス、スウェーデン、デンマークなどが設立しましたが、設立順ではイギリスが最も早く、１６００年12月31日に設立されました。その目的は、アジアで採れる香辛料や綿花、お茶を対象にした貿易の独占です。特に香辛料は欧州の食肉文化のなかで需要が高まり、高い値段で売ることが出来ました。

そこでイギリスの貿易商人は、１回の航海ごとに出資者を募り、無事に船が戻ってきたら積み荷を売却し、そこで得た利益から元本と配当を得るという方式で、航海に必要な資金を集めました。当時のイギリス人は、航海が上手な人にお金を渡して船を出させ、さらにアジアにおいては香辛料などの栽培に長けた人にお金を渡して香辛料や綿花、お茶を栽培させ、それを欧州に持ち帰れば、儲けることができると知っていたんですね。

もちろん、航海に出た船が難破することもあるでしょうし、思ったような価格で香辛料が売れないことだってあるでしょう。そういったリスクとリターンのバランスを考える。これがまさに投資です。イギリス人は事業にお金を投じることで他人を働かせ、そこから利益を得る術を身に着けていたのです。その時の考え方が脈々とイギリス人の中には生きているので、現代においても資本家と呼ばれる人たちが大勢、欧米社会には存在しているのです。

「他人を働かせる」という考え方は、英国のサッチャー首相の主導のもとに１９８０年代半ばに行われた「金融ビッグバン」にも顕著に現れています。サッチャー氏は80年代、自由競争を旗印に外国の金融機関を英国に呼び込み、景気減退に苦しむロンドンの金融街シティーをものの見事に復活させました。この出来事は、英国の競技場で外国人選手ばかりが活躍するテニス大会になぞらえ、「ウィンブルドン現象」と言われています。４００年前の東インド会社といい、40年前の「金融ビッグバン」といい、その根っこにある考え方は、「他人を働かせる」というパラダイムです。これこそが脳みそに汗をかく先進国の在り方の一つなのです。

現在の日本にも株式に投資している人は大勢います。株式のデイトレードによって、億単位の資産を築いている人もいます。でも、彼らのマインドは資本家のそれではありません。あくまでも労働者1・0のマインドです。

だって、彼らは午前9時に株式市場が開いてから、午後3時に取引が終了するまで、ひたすらパソコン画面に映し出されたチャートと睨めっこをして、売ったり買ったりを繰り返しながら株価のサヤを抜いているだけに過ぎません。つまり株式に投資しているのではなく、株価を売り買いしているだけに過ぎないのです。これは投資というよりも、むしろ投機といった方が良いでしょう。このようなトレードは自分が売買をしない限り利益が得られません。自分の時間と才能を切り売りして利益を得ているのですから、労働者1・0のマインドと何も違わないのです。

これに対して同じ株式を取引するにしても、「株式投資」は事業に資金を投じます。それはすなわち投資先の事業を営む人に投資することによって、その事業から生まれた利益の配分を得ることです。これが投資であり、労働者2・0の資産運用法なのです。

永守さんに働いてもらおう

日本電産の永守重信さん、ソフトバンクグループの孫正義さん、信越化学工業の金川千尋さんなどは、いずれも日本を代表する著名経営者です。社会人になってまだ数年しか経っていない人からすれば、まさに雲上人といっても良いかも知れませんね。とてもじゃないけど、一緒に食事をしに行ったり、あるいは酒を呑んだりなんてことは、考えられないことだと思います。

でも、そんな人たちでも自分の部下にすることは出来るのです。

方法は簡単で、たとえば永守さんを部下にしたいと思ったら、日本電産の株式に投資すれば良いのです。そうすれば、永守さんはあなたのために経営戦略を練り、さまざまなビジネスのアイデアを考えながら、日本電産の社員を叱《しっ》咤《た》激《げき》励《れい》して働かせて、継続的に利益を稼いでくれるでしょう。その利益の一部を持ち分に応じて得ているのが、日本電産の株式を保有している投資家なのです。

もちろん、株主ですから永守さんがしっかり働いているかどうかをチェックする必要があります。何しろ、あなたの大事な資金を日本電産に託しているわけですから、日本電産がどういう会社で、どのような売上構成を持っていて、かつ業績や株価はどう推移しているのか、同業他社に比べて利益率はどうなっているのかなどについて、きちんと把握しておかなければなりません。

でも、痛快じゃないですか。イマイチな上司から理不尽な命令が飛んできたとしても、「フン、俺はかの永守重信に部下として働いてもらっているんだ」と思えば、腹の虫も納まるというものです。

また、同じ株式に資金を投じるにしても、ただ漠然と買って持つのと、このようにいろいろ考えながら持つのとでは、大きな違いがあります。投資先企業について、いろいろなことを調べ、考えを巡らせるマインドを持つことが出来れば、労働者1・0から脱して労働者2・0になれたも同然です。

もちろんなかには、「株式を買ったくらいで働くマインドまで変わらないよ」と思っている人もいるでしょう。

それは正しい。実は、株式を買っただけでは何も変わりません。大事なのは、今も申し上げたように「考える」ことなのです。

私は就職活動中の学生と話をする機会があれば、必ず学生にこう言うようにしています。

「自分が入社したいと思っている会社の20～30年間の長期チャートは必ず見なさい」ということです。

株式に投資していなかったとしても見ることをお勧めします。

チャートとは、日々の株価の値動きを示したグラフのようなものです。これを20年間、あるいは30年間くらい長期で見ると、会社の趨勢《すうせい》が分かります。たとえば、いまだにバブルピークだった1989年の株価を抜けていない会社もあります。この手の会社は、実に30年間にわたって、ほとんど成長していないことを株価が物語っているのです。

長期的に株価が低迷している会社だったら、それは経営者の経営判断が悪いのか、そもそも産業構造がダメなのか、それとも競争環境が悪化しているのか、というように自分なりに考えることが大事です。

ウォーレン・バフェットやその師であるベンジャミン・グレアムという、長期投資の世界で伝説になっている大投資家は、「株価は長期で見れば秤《はかり》のようなものだ」と言っています。したがって、長期趨勢的に株価の下落が続いている場合は、その会社に何かネガティブなことが起こっていると考えてほぼ間違いありません。正解でなくても構いませんから、自分なりにその原因は何なのかを分析して、リクルーターに問題提起してみましょう。そうすれば、きっとリクルーターは人事の人に「優秀な学生を見つけました」と太鼓判を押してくれるはずです。

往々にして就職活動の面接では、ほとんどの学生が判で押したような、模範解答集か何かに書かれているような答えしかしてきません。

「サークルで部長をやってました」なんてアピールは、少なくとも私がいる農林中金バリューインベストメンツでは評価されないと申し上げておきます。

それよりも私は、その学生がビジネスの本質をどう見ているのか、ということに興味があります。多少、ずれていたとしても、自分自身の解釈をしっかり伝えられる学生であれば、その場で面接の合格を出しても良いくらいです。

株価を知るだけで、話はどんどん広がっていきます。実際に投資していたら、自分のお財布の中身が株価に連動してきますから、なお一生懸命、投資先の会社の動きを見るようになるでしょう。

だからこそ、株式投資をお勧めするのです。それもデイトレードではない、ちゃんと会社の事業に長期投資するスタンスの株式投資です。このことは、あなたのお財布を厚くするだけではありません。働き方そのものが変わることで、会社内での評価もきっと上がるでしょう。

たとえばあなたが営業に配属されて、ある上場会社（A社としましょう）に新規アプローチしているとしましょう。そのA社を株主の視点で分析するのです。A社が属している産業構造はどうなっているのか、A社の競争力の源泉はどこにあるのか、長期的な潮流はあるのか、などなど、もしA社株式を買うとした場合に調べなければならない論点をまとめてみるのです。

おそらく、最初は的を射た論点整理にはならないでしょう。それで良いのです。まずその時点で先方の担当者にぶつけてみて、議論することによってA社の理解を深めていくことが、営業する上では何よりも重要です。そうして理解がすすんでくるとA社が業界内でどういう位置にいて、どのような課題を抱えているのか、どうすれば業界内の優位性を出せるのかといったことが見えてくるはずです。その上で自分のところと取引することのメリットをそのまま営業で伝えれば良いのです。

もし、その話が現場の課長には刺さらなかったとしても、恐らくそのプレゼンを受けた課長は部長にその案件を上げるはずです。部長でもダメなら役員がいます。役員は常にそういうことを考えていますから、必ず興味を示すはずです。ここまで来たら、ほぼ間違いなく商談成立になるでしょう。

就職活動にしても商談にしても、ビジネスを見る目を養うのに、株式投資は非常に有効な手段なのです。

それでも、「株式投資に回すお金なんてどこにもない」と思っていませんか。

ある1社の株式を買うのに100万円以上必要だった時代もありましたが、あれはバブルピークで株価が非常に高いうえに、1000株を1単位として売買しなければいけなかった時代の話です。

今は随分と安いですよ。すべての企業が100株で買えるようになっていますから、日本を代表するような大企業の株式でも数十万円単位で投資できるものがかなりあります。その他、ミニ株投資制度などを利用すれば、数万円単位で株式に投資できます。株式投資は皆さんにとって、決して縁遠いものではないのです。

人生100年時代の選択肢

なぜこんなに株式投資を勧めるのか、皆さんは不思議に思うかもしれません。しかし私は別に証券会社や東京証券取引所の回し者ではありません。そうすることが、皆さんのこれからの人生にとって必要だからです。

「人生100年時代」。もういろいろなところで言われています。皆さんが労働者1・0のままで働き続けたとしましょう。労働者1・0ですから、富を生み出せるアセットは自分自身だけになります。自分が持っている才能と時間を使ってひたすら働くわけです。それによって生み出されたキャッシュによって生活していきます。

社会人になるのが22歳で、亡くなるのが85歳だとしましょう。この間、稼げるキャッシュは22歳の時よりも30歳、それよりも40歳というように、徐々に増えていき、恐らく50歳あたりでピークを迎えます。その後、55歳くらいで役職定年があり、その時点で給料が30％くらいカットされます。そして65歳まで雇用延長で働ける会社だとしたら、60

人生100年時代の選択肢

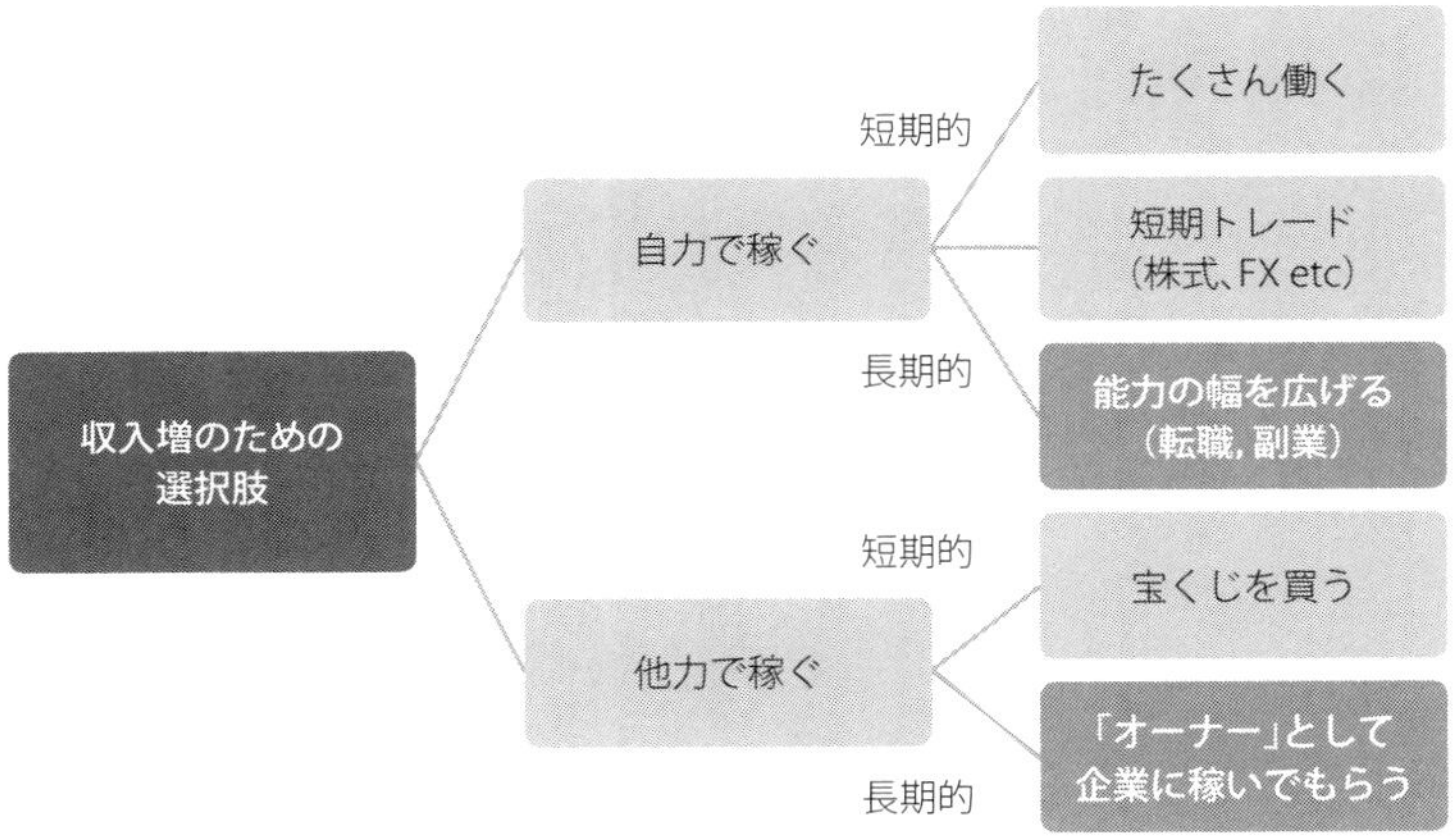

歳の時点でさらに給料がカットされ、働くことで得る収入は一旦、65歳の時点で終わるという流れになります。そこから先は年金のお世話になるわけです。

ここから先に大きな問題が立ち塞がっています。それは、長生きしてしまう「リスク」があることです。

昔は長生きすると、「おめでたい」などと言われましたけれど、それは周りが早死にだったからです。平均寿命が60歳程度の時に１００歳まで生きる人がいたら、それはめでたいわけです。本当に一握りの人ですから。

これは実数で見ればよくわかります。厚生労働省の数字によると、昭和38年の１００歳以上高齢者人口は、男性20人、女性１

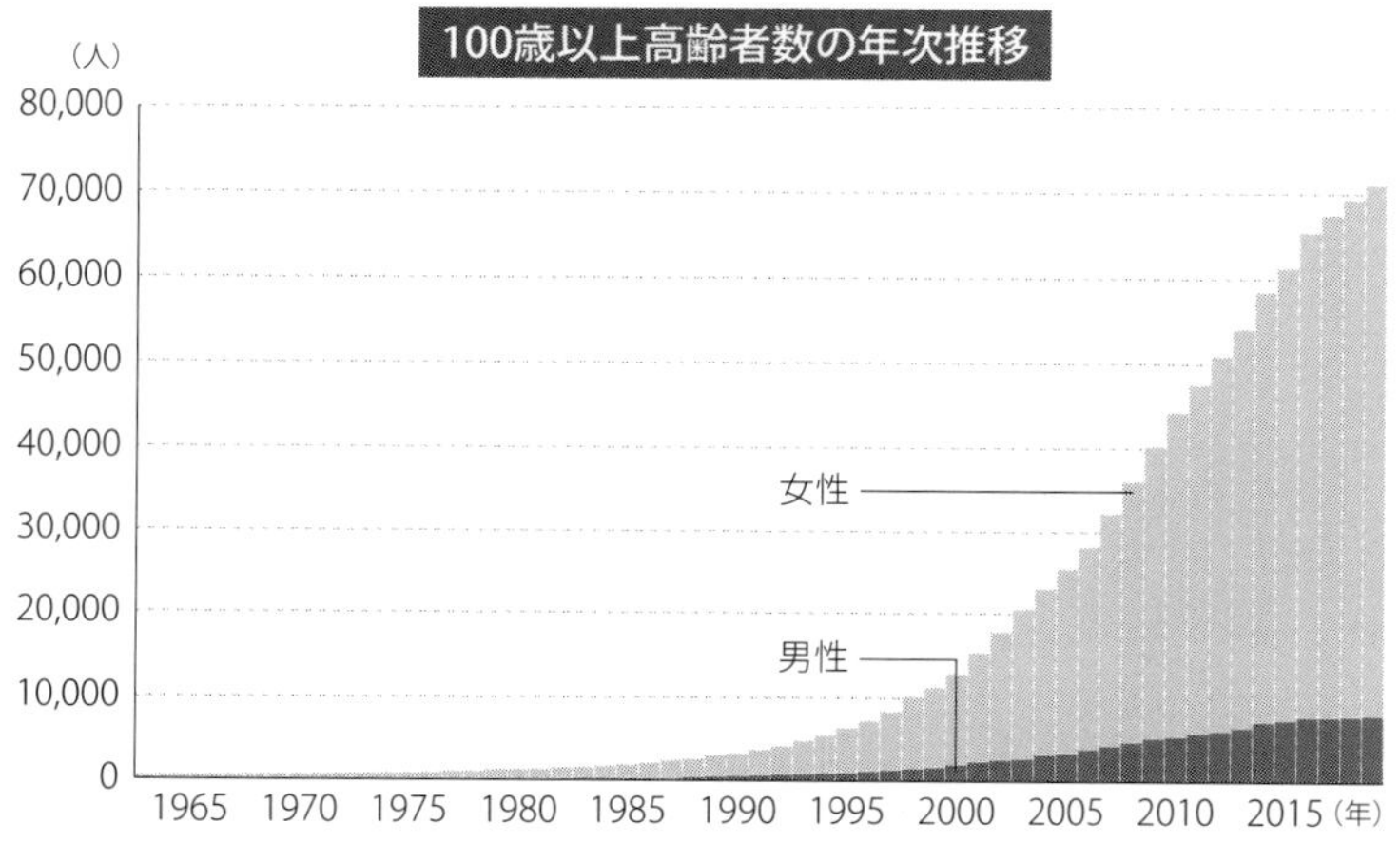

出典：厚生労働省

33人の合計153人でした。総人口数が9615万6000人だったので、100歳以上高齢者人口が総人口に占める比率は0・0001％でした。

それに対し、最近はどうなのか？　令和元年時点の100歳以上高齢者人口は、男性が8463人、女性が6万2775人で合計7万1238人です。爆発的に増えていますね。総人口は1億2616万7000人ですから、100歳以上高齢者人口が総人口に占める比率は0・05％です。それでも0・05％ですから、驚くほど高い比率というわけではないようにも思えます。しかし、これから日本の出生数はさらに減少のスピードを速めていきますし、逆に100歳以上人口はこれからも増え続けます。

そうなると、長生きしていることがおめでたいことにはならないのです。

最大の問題は、人ひとりが22歳から65歳までの四十数年間に稼ぐことの出来る総量が、能力、運の差によって個人差はあるとしても、ある程度決まっているということです。

一方、かつて死亡年齢といわれていた80歳を超えて、１００歳まで長生きしてしまうことによる支出の増加分だけ、40数年間の労働期間中に多く稼ぐ必要があるのです。働けなくなった時に頼りになる社会保障制度や定年後の糧となる公的年金制度は、人間が１００歳まで生きることを前提としていません。うっかり長生きしてしまうと、人間として十分な生活が出来ないのです。

最近は、「高齢者になってからも働くことが大事」などと言っている人もいますが、私はこれに敢えて異論を唱えたいと思います。なぜなら、ほとんどの人間は歳をとると若い時に比べて生産性が下がってしまうからです。もちろん経験が活きる分野もあろうかと思いますが、新しいイノベーションが求められる分野においては、過去の経験はややもすると邪魔になることもあるのです。資本主義は、ときに乱暴とも思えるような飽くなきイノベーションの担い手を求めているのです。

この問題を解決するための方法は２つあります。

ひとつは22歳から50歳までの収入を増やすこと。そのためには自己投資を行って、自分の才能を増やします。一番確実にリターンを増やせる方法は自己投資なのです。私が英語を勉強したり、イギリスに留学したりしたのがまさにこれです。

しかし、それでも足りなくなる恐れがあります。65歳まで働ければ良いのですが、途中で会社が倒産してしまったり、自分が病気になって働けなくなったりするリスクだってあるわけです。そうなると、自分の才能を伸ばして収入を増やすこと以外に、何か手立てを考えなければなりません。

だから投資なのです。幸いなことに、年齢が30代の半ばくらいになると、徐々に自分自身の金融資産が積み上がってきます。急場の時に必要なお金をすぐに引き出せる預金で持っている必要はあるものの、必要以上のお金を預金で置いておいても、この超低金利下ではそこからは何の利益も生み出されません。

そこで、この現預金を用いて株式投資を行うのです。自分が働くのではなく、他人に働いてもらうのです。まさに資本家の発想です。自分が企業のオーナーになれば良いのです。そうすれば、自分自身が働けない年齢になったとしても、他の人が働いて収入をもたらしてくれます。

正直なところ大半の人たちは、自分自身で働くよりも、永守さんに働いてもらった方が良いわけです。もし米国企業に投資するならば、アマゾンの創業者であるジェフ・ベゾスに働いてもらった方が、良い結果がもたらされる可能性が高いと思います。自分より優秀で、稼いでくれそうな自分以外の仕組みにお金の一部を投じること。投資をするというのは、つまりそういうことなのです。自分が働いて稼ぎ出す総金額を大きく増やすことが難しいという前提の上で、予想以上に延びてしまった寿命をまっとうするには、自分以外を働かせるしかないことを理解していただけたでしょうか。

「時間」という有限のリソースを有効に配分する

「自分が働く」ということと「自分以外を働かせる」という2つのことを組み合わせることが不可欠として、その優先順位について述べてみたいと思います。優先順位をつける上で重要なのは、皆が持っている「時間」というリソースには限りがある、ということを知ることです。

昔、まだ若かった頃は、時間なんていくらでもあると、私も思っていました。1週間後に楽しみにしている予定などがあると、一日一日の過ぎるのが本当に遅く感じられたものです。

ところが、それから40年近くが経つと、1週間なんて本当にあっという間です。私は世にいう「アラフィフ」なのですが、気づくと1年という時間でさえあっという間に過ぎていきます。そして時間というリソースは有限なんだということを、改めて実感します。若い頃はいくらでも時間がある。けれども、私のような年齢になってくると、残された時間はどんどん少なくなっていきます。何をするにしても無駄打ちは出来ない。たまたまランチで行ったお店が不味いと、1食分を無駄にした気持ちがフツフツと沸き上がってきて、腹が立ってくるのです。

話が脱線してしまいましたが、時間というリソースをどうすれば有効に配分できるのかについて、若いうちからきちんと考えているのといないのとでは、50歳以降の人生が大きく変わってしまいます。「自分が働く」にしても、投資という技術を使って「自分以外を働かせる」にしても、時間こそがその効果を増幅してくれる変数だからです。自己投資をして自分の給料を上げるにしても、株式に長期投資してその企業の成長からリターンを得るにしても、「短期間で」効果を得ることは不可能なのです。そしてどちらの手法を採ったとしても、その効果は時間の経過とともに、まさに雪だるま式に増大します。これをファイナンス用語では「複利効果」といいます。

正直なところ時間というリソースの貴重さに気づいたのが60歳過ぎだと、もはや手遅れです。よく、「退職金で運用を始める」という話を聞きますが、その人は「複利効果」の重要性について理解が不足していると言わざるをえません。そういう人は、とにかく今、自分が持っている資産でなんとかするより他に手はありません。預貯金を少しでも積み増していくのか、一攫千金狙いで、大きなリスクを抱えるのを覚悟のうえで投機的な運用に手を出すのか。それは人によってさまざまだと思いますが、60歳になるまで何も考えず、労働者1・0の人生を送ってきた人が、いきなり投機に手を染めてもうまくいく可能性はまさに「神のみぞ知る」といったところでしょうか。その年代の人たちは公的年金による老後のサポート効果が若い年代にくらべて大きいので、それを頼りながら、生活レベルを下げ、勤労世代だったときより支出を減らすことを真剣に考えた方が良いでしょう。子供も独立しているはずなので、一戸建ての自宅を売却し、夫婦で住める程度のマンションにリサイズするとか、そもそも生活費の高い都会から地方に住居を移すのも有効だと思います。

一方で、時間という限られたリソースをたくさん持っている若い人たちは、いろいろなことにチャレンジできます。

ここで大事なことは、「時間」「能力」「お金」という資産、リソースは概ね交換可能であるということです。大学生の息子には、「今、君がバイトで得られるものは1時間あたり1000円だろうが、その1時間を英検1級を取ることに費やし、クリアしたなら、君のバイト料は3倍以上に跳ね上がるよ」と言っています。

子供のうちは「お金」という要素は、これら3つの中で切り離されていて、親が面倒を見てくれます。子供のうちにやる勉強などの活動は「時間」を「能力」に変える活動なのです。大人になってから、その「能力」と「時間」を「お金」に変えて生活するのです。「お金」だけが切り離されていた子供から、大学生、社会人になるにつれて、この3つの兌換《だかん》性は上がっていきます。事業に成功すれば、お金で時間を買うこともある程度は可能になります。残念ながら老いてしまうと自らの「才能」そのものの改善余地は少なくなってきますが……。

このように考えると社会人になって初めてやることは「貯金」ではありません。大学卒業まで学んで身につけた「能力」で食っていけると信じているのなら、世の中を甘く見ているということです。したがって、若くて時間がある若いビジネスパーソンがまずやらなければならないこと、やり続けなければならないこと、それは「自分への投資」です。継続的に自己研鑽することで、「自分が働く」場合の単価を上げるのです。「自分

投資=資産の配分

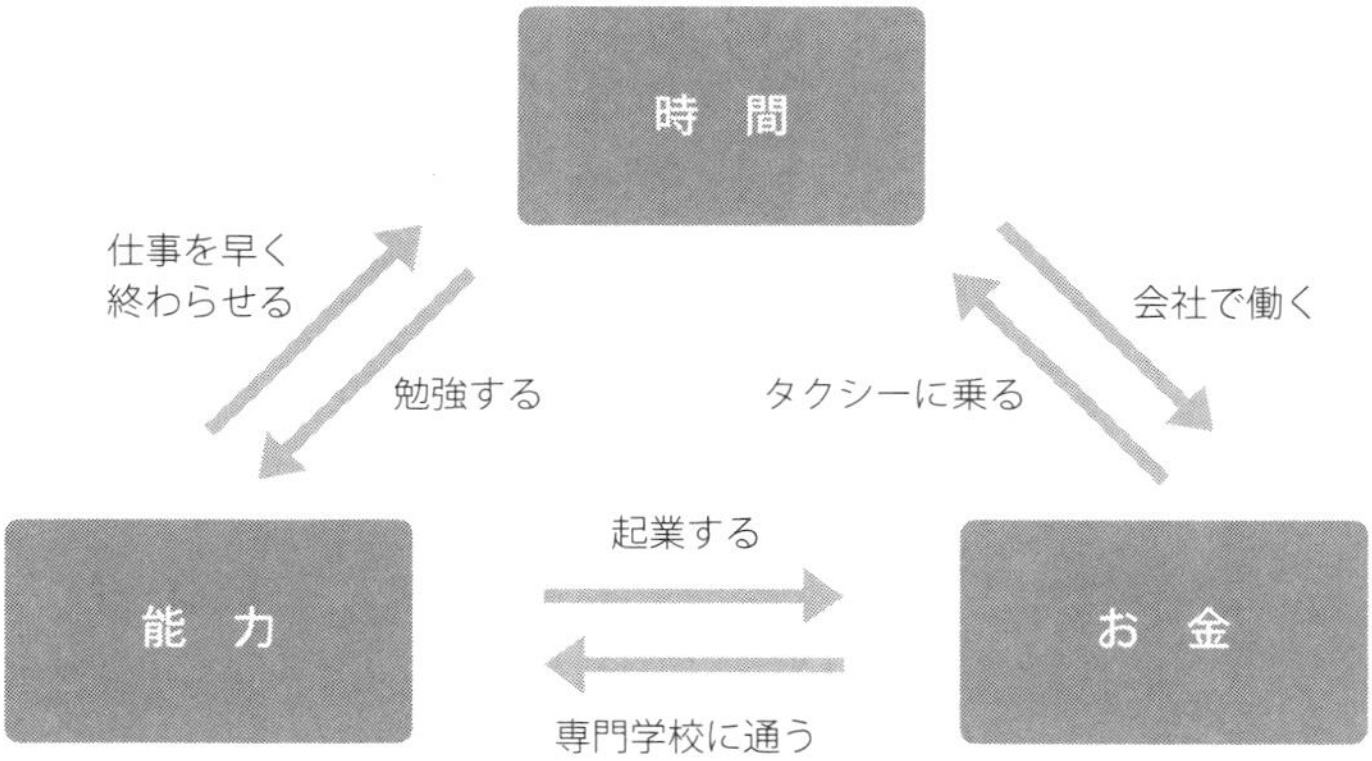

が働く」場合の選択肢、つまり転職や副業の選択肢を広げるのです。

　もちろん、ある程度の貯金は必要です。だいたい1年間くらい無職になっても大丈夫なくらいの現金があればよいでしょう。この人口減少の日本において、職をえらばなければ何をしてでも生きていくことはできます。日本は国民皆保険制度を含め、社会保障制度も充実しています。心配することなく、アップサイドを狙う方が絶対に得です。ものすごいスピードで動いているビジネスの世界で英語、会計、税務、マーケティングでも何でも構いません。自分が持っているスキルセットの中から、これから自分が歩んでいくビジネスパーソンの人生に照らしてこれが足りない、あれが足りないというスキルがあったら、それをひたすら磨いて下さい。

投資対象はそういったビジネススキルだけではありません。どんどん見聞を深めるべく旅行をしたり、いろんな体験をしたりしてください。「はじめに」でも述べましたが、世界のビジネスエリートは、「自分の言葉で語れる」ことが不可欠です。それには様々なビジネス経験、人生の経験を自分事として捉える主体性が最も重要なのです。それが20代のうちにやっておくべき投資です。とにかく人間力を含めた自分の能力を高める自己研鑽にお金を注ぎ込みましょう。

そうこうしていると、徐々に自分のスキルが向上し、総合力もついてきて、ビジネスがうまく回るようになります。成功体験を積み重ねていけば、上司からの覚えもめでたくなり、どんどん昇進・昇格できるでしょう。当然、毎月のお給料も増えていきます。そこで生まれた経済的な余剰分を、今度は余すことなく株式投資に回すのです。そうすることによって、自分の働きによるキャッシュフローだけでなく、他人の労働によるキャッシュフローも将来的に得られるようになります。

たとえば、自分の仕事が飲食業だとして、その仕事だけに専念していたら、得られるキャッシュフローは飲食店の売上でしかありませんが、日本電産の株式に投資すれば、日本電産のモーター事業からのキャッシュフローも得られることになります。自分自身が働ける時間は8時間でも、株式に投資することによって、自分が属している産業・事業・企業とは異なるところからお金が入ってくることになります。時間あたりの効率性は格段に増すことになるのは言うまでもなく、そのキャッシュフローの源泉を分散することができるのです。

人間が持っている時間は1日24時間で、この点について例外はありません。だから「時間管理術」みたいな本が人気を集めるわけですが、結局それも1日24時間のなかで無駄を省き、動きを効率化することによって隙間時間を捻出し、そこから新しい何かにチャレンジして付加価値を上げるという話でしかありません。

でも、株式投資を通じて他人にも働いてもらえば、実質的に自分の1日の持ち時間を増やすことが出来ます。時間という限りあるリソースを有効活用できるのです。

ここで勘違いしてほしくないのは、株式投資すればすぐにリターンが得られるのではないということです。どんな企業であっても企業価値を高めるには相応の時間が必要なので、ゆめゆめ短期間で儲けようとは思わないことです。また、実際にやってみると分かることですが、自分以外の仕組みを働かせることはリスクを伴ううえに、それほど簡単ではないということです。

ただし、時間というリソースが限りあるからといって、働く年齢を先延ばしするのだけは止めて欲しいと思います。

最近、雑誌の記事や本で見かけるのですが、「身体が元気なうちは70歳でも75歳でも働こう」などと言っている知識人が増えています。年金財政が厳しいこともあります。老後の生活に必要な経済力を維持するためにも出来るだけ長く働きたい、ということなのでしょう。

先にも述べましたが、この動きには敢えて異を唱えたいと思います。確かに高齢者が働き続けることが出来れば、年金受給開始時期を後ずれさせることも可能だし、良いことづくめのように見えるかもしれません。しかし、大事なことを見落としています。それは体力の面でも知力の面でも若いころに出来たことが出来なくなっている高齢者を雇用し続けることで、企業の競争力が削がれるということです。

グローバルな資本主義の中では、世界中の企業が同じルールに基づいて熾烈な競争を繰り広げています。日本だけが特殊なルールを導入して不利になったところで、だれも救いの手を差し伸べてはくれません。日本企業だけが相対的に沈んでいくことになってしまうのです。

そもそも会社は何のためにあるのかということを、真剣に考えたことはあるでしょうか。恐らく大半の人は、こう考えると思います。

「自分が給料をもらって生活するため」

間違ってはいないのですが、これは給料をもらう自分のことしか考えていない人間の答えです。

では、本当に正しい答えは何か？　企業の本質的な存在意義は何か？　それは「社会に付加価値をつけるため」に尽きると思います。資本主義は、そのように世の中に付加価値を提供できる企業どうしを「神の見えざる手」によって競い合わせることで、より効率的に機能させる近代最大の発明です。「利己」を追求するところに「利他」が生まれるという考え方です。

確かに資本主義は万能ではなくて、貧富の差の拡大などその弊害も指摘されるところです。その弊害については緩和するような手段が必要ですが、競争による効率化という根幹部分を壊してしまっては元も子もなくなってしまいます。

個人個人では解決出来ない社会や顧客の問題を解決するべく、異なる能力を持った個人が集まって相乗効果を発揮するために作られたものが会社という形態であって、それこそが会社の本来的な存在意義です。決して構成員である従業員に給料を支払うためにに存在しているのではないのです。ここを誤解している人が結構います。支払われる給料は、あくまでも会社が社会の問題を解決したことの結果にすぎないのです。

「有能の境界」を意識しよう

次に時間や能力の配分の方法について議論しましょう。ここで導入したいコンセプトは「Circle of Competence（有能の境界）」というものです。私たちの身の周りには自分ではどうにもならないものがたくさん存在します。例えば、雨が降っているからといって、晴れるように願ったところでどうしようもありません。エレベーターがなかなか来ないからといっても早く来るようにすることは不可能です。半面、半年後のテニスの試合までに出来ることはたくさんあるでしょう。また、来週の顧客向けプレゼンを作り込むためにした努力が嘘をつくことはありません。

このように自分ががんばってもなんともならないことと、自分が影響できることとの間には、「主体性」を切り口として線を引くことが出来ません。この境界線を意識することが、気持ちよく生きていくためにはとても重要です。自分ではどうしようもないこ

Circle of Competence（有能の境界）

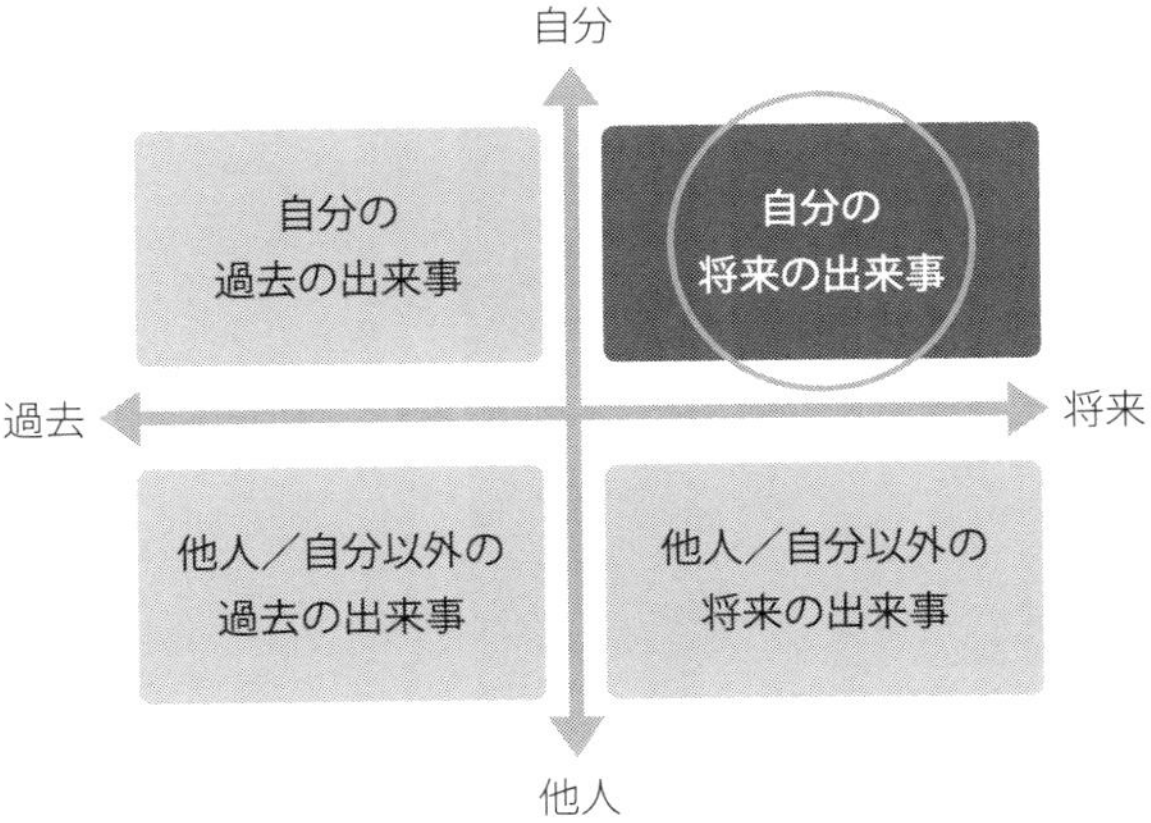

とに気をもんでもなにも変わらないし、時間の無駄です。

横軸に「将来」「過去」を、縦軸に「自分」「他人／自分以外」をとるとすべての事象は4象限に分けることができます。

左下の象限は「他人／自分以外の過去の出来事」です。例えば、芸能人の不倫ネタなどがこれに当たります。はっきり言うと、完全にどうでも良いことです。

左上の象限は「自分の過去の出来事」です。彼女に振られたとかプレゼンで失敗した、という出来事がこれに該当します。ここで起きてしまった過去の事実そのものはどうしようもありません。これを将来に活かせるかどうかは自分次第ですが、起こってしまったことをクヨクヨしても後の祭りです。気持ちを切り替えましょう。

右下の象限は「他人／自分以外の将来の出来事」です。他人に影響を及ぼすことは可能かもしれませんが、他人の意思決定をコントロールすることは不可能です。たとえどんなに親しい友人であったとしても他人であって、その人の人生はあなたのものではありません。たとえ家族でも本当に突き詰めれば他人です。多くは語りませんが、この境界を明確に意識しないところに世の中で起こっている多くの悲劇の原因があるように感じます。

残るは右上の象限「自分の将来の出来事」です。これこそが自らの才能・時間・お金という自分の資源を集中投下するべきところで、ここに集中して投資することによって文字通り人生が大きく変わります。精神的な問題も含め、世の中の大半の問題は自分がコントロールできない分野にまで、自分の関心を拡げてしまうことから起こると考えています。

これは投資についても同じです。私たちは、投資企業がおかれた事業環境、競争優位性から導かれる事業の経済性について分析することは、私たちの「有能の境界」の範囲内にあると考えています。半面、他の投資家たちの売買によって左右される株式の需給などは境界の外にあって、知りようがありません。何が分かっていて、何が分からないのかを明確に切り分け、当たり前にやるべきことを当たり前にやる、というスタンスが市場に対峙する時でも重要だと考えています。

話が少し脱線したかもしれませんが、この章で言いたかったことをまとめましょう。

若い間は、まず自己投資をしましょう。「自分が働く」という最も着実な土台を整え、将来の選択肢を獲得することを優先しましょう。そして余ったお金は株式投資で自分よりも優秀な人や、自分が勤める会社よりも素晴らしい企業に稼いでもらうのです。その時、投資をほったらかしにすることなく、投資先企業の事業性や産業について、自分なりに考えるようにしましょう。そうするとビジネスパーソンとしての思考力が格段にアップして「自分が働く」という投資にも良い影響が現れます。これはまさに相乗効果です。

この2つの投資（自己投資と長期の事業投資）は相乗効果をもって、自らの能力を増大させると同時に、他の企業を選ぶ能力も増大させます。傲慢《ごうまん》と思われるかもしれませんが、私はまさにそのような人生を歩んでいます。

時間と少しばかりのお金を有効に配分して、自分という道具を磨き、自分よりも優秀な他人を働かせる。これが投資です。このような「人生における投資」を考える上で、「有能の境界」という考え方は優先順位を考えるのに役に立つと思います。コントロールできるのは自分の将来のみです。これに気づくことなく、自分自身ではどうしようもない境界の外にある余事に足を取られ、過去に引きずられ、他人に言われるままの人生を生きれば、相当の確率でとん挫します。たまたま成功したとしてもそれは自分の人生ではありません。人生は100年もあります。他人の人生を生きるのはまっぴら御免です。自分自身のオーナーになりましょう。

《2時限目》

私の投資家人生

コンサルタントになりたかった

私は普通の投資家とは全く違ったアプローチで投資をしていると書きました。なぜそのようなやり方をするようになったかについては、私の経歴から説明する必要があるでしょうね。

私がどういう経緯で投資家になったのか、という話を少ししたいと思います。簡単な自己紹介と思って下さって結構です。

私が大学に通っていたのは1988年から1992年。日本経済はバブルのピークに向かって突き進み、頂点を極めて崩壊へと至る時期に該当します。1991年には株価はすでに大きく崩れていましたが、まだ好景気の残滓《ざんし》があるような時期だったと記憶しています。

大学4年生になり、就職を意識した私が目指したのは経営コンサルタントでした。会社で言うとマッキンゼーとかボストン コンサルティング グループですね。

なぜコンサルタントになりたかったのかというと、当時、マッキンゼーの日本支社長だった大前研一さんが書いた『企業参謀～戦略的思考とはなにか』という本に触発されたからです。1975年が初版ですから、日本においてコンサルティングビジネスとは何かということを広く知らしめるきっかけになった本ですね。英語版もあって、米国のビジネススクールで教材としても使われています。コンサルタント業界に興味がある人は、一度読んでみることをお勧めします。

印象的だったのは床屋の話です。当時、街中にあった床屋の値段は3500円だったのですが、その価格がどのようにして決まっているのかを、たとえばカットがいくらで肩もみがいくら、シャンプーがいくらというように金額を分解して、カットだけなら1000円で出来るという話からスタートします。

これを読んだ時、目からうろこが何枚も落ちました。それまではただ漠然と、床屋に行ったら3500円を払っていたわけです。ところが、このように要素分解して、サービスの種類ごとに金額を明示すると、どこに付加価値があるのかが一目瞭然になる。今は主流になった1000円カットの店なんて、この本ではすでに1975年の時点で説明しているわけです。要するに、どのサービスに力を入れれば新しいサービスを消費者に提示できるかということが、この一文から読み解けるわけです。

もうちょっと遡《さかのぼ》ると、私は子供の頃から軍師的なものに憧れを抱いていたんですね。リーダーとして表舞台に立つのではなく、後ろの方でちょこちょこ動いて、実はそこで勝敗を決めているというような存在です。日本でいうと豊臣秀吉に仕えた竹中半兵衛。三国志（演義）の世界だと蜀の諸葛孔明といったところでしょうか。

そんな子供だったので、高校生の頃には『孫子』をずっと読んでいました。孫子は紀元前５００年頃、春秋時代の軍事思想家だった孫武が書いたとされている兵法書のことです。そんな性格だった私がたまたま手にした本が『企業参謀』ですから、のめり込まないはずがありません。コンサルタントを、ビジネス戦争を勝ち抜くための戦略を立てる軍師のような存在と捉えるようになり、コンサルタント会社を受けようと決めました。

複数のコンサルタント会社を受けて、いくつか内定をもらいました。しかしどこに行くか決めかねていた時、ある先輩に会って言われた一言で、コンサルタント会社には行かないことを決めたのです。

長銀に入行

「お前、バカなんじゃないの?」と、その先輩からいきなり言われました。

「そもそも、モノを言うだけでカネを出さないようなコンサルタントの話を、有難がって聞くような経営者なんているはずがない。カネを出したうえでモノを言うから人は話を聞いてくれるんだ。俺がいる銀行はまさにそれをやっている」

この先輩のいる銀行が、日本長期信用銀行でした。私はその先輩のアドバイスを素直に受け入れて、日本長期信用銀行に行くことを決めたのです。その時、私は日本長期信用銀行という銀行があることすら知らず、先輩が「長銀」という略称を言うたびに、「長崎銀行かあ。まあ、長崎で働くのも悪くないかも知れない」などと、だいぶトンチンカンなことを考えていました。まさか先輩が言っている「長銀」が、日本興業銀行と同じく企業に長期の設備投資資金を供給する長期信用銀行だとは、全く知らなかったのです。

私は先ほど「自分が志望している会社の株価は必ず見ておきましょう」と述べました

が、その言葉を当時の自分に言ってやりたい。当時の私はそれくらいビジネスのことを知らなかったのです。それでも長銀に入れたのは、たまたま在籍していた学校が京都大学だったからというだけのことでした。

このような経緯で日本長期信用銀行で働くことになったのですが、実は入行する前から、「こんな銀行、実力がついたらすぐに辞めてやる」と思っていました。要は金融のツールを使ってコンサルティングも出来るようになるところまでマスターしたら、そのスキルを持って新天地に行こうと思っていたのです。自分でスキルを身に着けて、それで食っていこうというのが、当時からの私のスタンスでした。

そんな生意気な性格だったので、新人のくせして「つまらない仕事はしたくない」と思っていました。当時、都市銀行や地方銀行に入ると、2年間は支店に配属されて、そこで札勘《さつかん》やATMへの入金仕事ばかりをさせられます。札勘というのは、お札を数えるあれですね。長銀を選んだのは、そういった類の仕事がないというのもありました。そんなことは人生の無駄だと思っていましたから。今そんなヤツが自分の部下だったら殴ってあげたい（笑）。

刺さらない提案

配属されたのは営業第一部でした。当時の営業先のひとつに、某大企業の子会社で、年商200億円から300億円規模の割と大きなところがありました。先方の窓口は財務部長です。普通の都市銀行などでは、入行したてのぺーぺーがそんな大企業の担当を任されることもないし、担当者相手に入社30年選手の財務部長が対応してくれることなんてありません。これも長銀が歴史の中で培った独特のステータスだったのでしょう。

燃えましたよ。銀行員としていろいろなことを提案できると思いました。たとえば当時だとＡＬＭ（Asset Liability Management）といって、企業が持っている資産と負債を総合的に管理する財務戦略が注目を集めていた時だったので、それを提案しようと考えました。しかも当時の長銀は、固定金利と変動金利を交換する、長期金利と短期金利を交換するというスワップ取引を行う部門に優秀な人材を配しており、取引量も他の銀行を圧倒していましたから、きっと役に立てるような提案が出来ると思ったのです。

自分で提案書を作成して、財務部長にプレゼンしました。

しかし財務部長は笑って聞いているだけ。自信過剰な私にもすぐに分かりました。「自分の提案、全然刺さっていない」と。

今にして思えば当たり前のことです。向こうの財務部長はもう30年以上もその世界で食ってきたわけです。大学を卒業したばかりのぺーぺーが「これからは金利が上がりますから」などと言っても、「どの口が言っているんだ」となるわけです。他にも、工場の遊休地を活かしてロードサイドビジネスを展開してみてはどうかとか、いろいろな提案をしたのですが、相変わらずその財務部長はニコニコ笑いながら聞いているだけ。ところが、長銀で5年、10年働いている先輩行員と一緒に行ってその提案をすると、刺さるのです。

「私の提案はなぜ刺さらないのか?」と思い悩み、いろいろ考えを巡らせているうちに、これはひょっとしたら長銀が持っているキャパシティを自分が全く使いこなせていないからではないか、という解が見えてきました。つまり自分の能力が低いために、本当は出来ることが出来ていないということです。

これは大きな屈辱でした。長銀に入行して1年目、2年目はそんな感じが続き、だいぶ苦しみました。そして、苦しみながら考えるわけです。「どうしたら、あの財務部長が喜ぶような提案が出来るのだろうか」と。それからはいろいろな勉強会を行内で立ち上げたり、長銀の黄金期を支えてきた5年先輩、10年先輩が集まって開いていた勉強会に新人のくせして潜り込んだりして、いろいろ勉強させてもらいました。そうこうしているうちに自分のなかに2つの課題設定をしました。

ひとつは相場を知ること。それも理論ではなく実地です。ビジネスの現場において、理論なんてものはクソみたいなもので、やはり実際の現場の動きを肌で知らなければならない。金融マーケットでいえば、金利が上がったり下がったりするのを肌で知らないとダメだと思ったのです。

そしてもうひとつの課題はMBAを取得することです。理論はクソみたいなものだと言っておきながら矛盾するという声もあると思いますが、金融マーケットに身を置いて、肌で知った相場の動きをきちんと、金融ファイナンス理論で説明できるような理論武装をしたいと考えたのです。

MBA取得は長銀に入行した時からの目標のひとつでした。しかし、英語が出来なければMBA取得も何もあったものではありません。自分の同期は皆、英語ペラペラだったのですが、私はほとんどしゃべれない状態だったので、入行してすぐ英会話教室に通いました。

この時の英会話教室代は、もちろん自腹です。当時の給料なんてたかが知れていたので、銀行から借金して授業料を払っていました。他にも、米国公認会計士試験の予備校に通って勉強もしました。お恥ずかしいことに合格できていませんが……。本当にいろんなことに時間とお金をつぎ込んだものです。

今振り返れば、20代のうちにそれだけの自己投資をして勉強したからこそ、その後イギリスに留学できたし、今のように米国企業に投資する仕事にも恵まれました。20代のうちはコツコツ老後のための貯蓄をするより、自分が思い描いている将来のビジネスキャリアを実現するための自己投資にこそ、お金を使うべきだと思います。

相場を学ぶ

1990年代、日本は金融自由化に邁進《まいしん》している時期で、昔はご法度だった銀行による証券子会社の設立が認められるようになりました。長銀も1993年に長銀証券という証券子会社を設立していました。

早速、上司に出向願いを出しました。銀行員の世界では「出向」はあまり良いイメージが無くて、「片道キップ」とかいろいろ言われるものです。まさか入行2年目の行員から「出向させてくれ」なんて言われるとは、上司からしたら想定外の出来事だったと思います。

でも、私からすればそんなことは関係ありません。大事なのは相場を学ぶこと。その一念でした。そのうち、辞令が出てもいないのに、勝手に長銀証券まで出かけていって、そこの朝会に出席したりしていました。ワンブロック先のオフィスだったので、軽い散歩にもならないような距離ではありましたが。

その朝会は午前7時半から始まります。前日のニューヨーク市場では、米国国債の金利がどの程度の水準で推移したのか、株価は、為替は、といったように、さまざまなマーケットの値動きについて報告が行われていました。ペーパーまで作成されていたので、それをいただいて長銀営業第一部に戻り、報告するということを日々、繰り返していたのです。

そうなると、周りにいた先輩社員も含めて、私が長銀証券に行くことを疑う人は一人もいなくなりました。そして、長銀証券で私が配属されたのは債券部でした。ここは債券のディーリングを行う部署で、顧客売買に対して値付けをし、ポジションをとって収益化するのが仕事です。まさに私が行きたい部署でした。

「熱意があれば運を引き寄せられる」と言いたいところですが、後で聞いたところでは、当時の長銀の上司が人事部に「奥野を絶対、債券部に配属させるように」と言ってくれたそうです。

上司のありがたいお気遣いもあり、私は晴れて長銀証券の債券部に配属されました。しかしそこでディーラー稼業の厳しい洗礼を受けることになりました。

相場という先の見えない世界でコンスタントに収益を挙げるのは、なかなか大変です。500万円負けた翌日は1000万円勝ち、やれやれと思ったらその翌日には2000万円やられるといった具合で、段々と気分がブルーになっていきました。

先輩ディーラーの誰かに相談しようと思っても、誰一人としてアドバイスしてくれません。

今にして思えば、先輩ディーラーは「教えたくない」というよりも「教えられなかった」のです。それも知識や経験が無くて教えられないというのではなく、相場の世界に「絶対儲かる」方法などというものは無くて、自分のアドバイス通りに取引したから収益が安定するものではないことを、先輩ディーラーは皆、自分の経験から知っていたのです。結局、ディーリングで勝つためには、自分で徹底的に考え抜いて、自分なりの手法を見つけなければならないのです。

当時のディーリングルームは、まるで動物園のようでした。ゴミ箱はボコボコになっているし、ディーリング用の電話は常に壊れていました。なぜなら、大損をした時、その怒りの矛先を、周りにあるモノにぶつけるからです。トイレの中で雄叫びを上げる人もいました。


そこで私はそれなりに稼げるディーラーになりました。ある程度、「金利相場」について理解できたので、銀行に戻ろうと思っていました。しかし、大きな誤算がありました。日本長期信用銀行が経営破たんしてしまい、長銀証券がＵＢＳウォーバーグ証券に買い取られたのです。かつて銀行は「絶対に潰れない就職先」と言われていただけに、あまりにもあっけない幕切れに愕然としました。

ほんの数年前まで、あれほどのステータスを誇っていた長銀でも、あっけなく潰れる。絶対に安全な道などというものはないのだと思い知らされました。

皆さんもそのことは肝に銘じておいた方がいいと思います。これからの時代はますますビジネスの速度が上がっていきます。安定した会社なんてもはや幻想です。最初に就職した会社で一生勤め上げるということは難しくなっていくでしょう。

私は債券ディーラーとしてそこそこ食っていける力がついていたので、幸い職にあぶれることはありませんでした。しかしビジネスに対する考え方に大きな衝撃を受けたのは事実です。

長銀の破たんと海外留学

日本長期信用銀行は経営破たんし、１９９８年10月には国有化されました。

海外のビジネススクールでＭＢＡを取るという私の課題は難しくなりました。社費で留学させてもらえる可能性が無くなったからです。その前年に三洋証券や山一證券、北海道拓殖銀行など大型金融機関の経営破たんが相次いだあたりから、徐々に雲行きが怪しくなっていたので、覚悟はしていたのですが……。

それでも夢は諦められません。自腹で海外留学をするためには、莫大なお金が必要です。とにかく稼がなければなりません。そのままＵＢＳウォーバーグ証券に居続けながら、自費留学のチャンスを覗っていました。

その時、思いついたのがロンドンビジネススクールのマスターズ・イン・ファイナンスに入ろうということでした。そこならファイナンスに特化して学べるし、何よりも夜間のプログラムがあったのです。

UBSウォーバーグ証券は1名、日本人をロンドンに派遣していたのですが、うまい具合にその人が日本に戻ることになり、ロンドンの席が空きました。昼間はそこで働き、夜学校に通うことが出来れば、給料をもらいながら学校に行けます。こうして2年間のロンドン生活がスタートしました。

バフェットとの出会い

ロンドン時代はひたすら勉強しながら債券の売買をするという日々でした。とにもかくにも2年間で修士号を取得して、東京に戻ることになりました。

2年間の大学院生活で貴重だったのが、ウォーレン・バフェットとの出会いです。出会ったと言っても、実際に会ったのではありません。彼の投資に関する考え方に衝撃を受け、彼について書かれたものなどを読みあさったのです。

ウォーレン・バフェットがどういう人なのかを簡単に説明しておきます。

誕生日は1930年8月30日ですから、この原稿を書いている2020年3月現在で89歳です。もちろん生きています。89歳にして現役の投資家。バークシャー・ハサウェイという投資会社を、盟友のチャーリー・マンガーと共に経営しています。チャーリー・マンガーが1924年1月1日生まれですから、現在96歳ですね。この人生100年時代を地で行くような二人が投資先を選び、さまざまな企業の株式に投資しています。バークシャー・ハサウェイの年平均リターンは1965年から2018年までの54年間で、なんと18・7%です。この間、S&P500の年平均リターンは9・7%だったので、市場平均を大きく上回るリターンを挙げ続けてきたことになります。

バフェットは毎年、バークシャー・ハサウェイの「株主への手紙」を公開していますが、2020年2月に発表された内容は、手元資金が14兆円まで膨れ上がっていることを伝えていました。ちなみにバフェット自身は、フォーブス誌によるアメリカの長者番付で1986年に5位に入って以来、毎年ベスト10に入り続けています。世界が認める「投資の神様」です。

バフェットは、こう言います。

「私は投資した翌日から5年間は市場が閉鎖されると想定して投資判断をする」。

つまり投資してから少なくとも5年は保有し続けることを想定して購入するのです。バフェットは株価の値動きで投資先企業を選ぶのではなく、永続的に利益を生み出す事業モデルを持っているかどうかという点を見て、投資するべきかどうかを判断しているのです。株式に投資するというのはそういうことなのかと、私は目からうろこが落ちる思いでした。

バフェットは投資先企業の持続的な競争優位性を徹底的に分析し、そしてその株式を保有する時には、まるで企業買収をするかのような企業価値評価を行います。そしてその企業をオーナーの一人として永久に保有しようとします。バフェットは、時間の経過とともに持続的な企業価値増大が見込めるような企業の株式を金融市場で頻繁にディーリングすることは、無意味だといいます。市場が悲観的になって株価が下落すれば、バーゲンセールだとばかりに、素晴らしい事業性をもった企業を買いあさり、手放さないのです。

また、バフェットは1987年に投資銀行ソロモン・ブラザーズに投資を始めたのですが、1991年に同社が起こした入札スキャンダルを収拾させるべく暫定のCEOになったのです。この出来事を勉強する中で、「え？　株主、投資家が経営者になるんだ?!」

と単純に驚いた覚えがあります。日本では、大卒で企業に就職し、その企業で昇進を続け、最後のゴールが役員、社長だ、と思っている人が多いと思いますし、当時の私もそうでした。だから、投資家（株主）が経営のトップに立つという事実を新鮮に感じてしまったのです。

でも株式会社の取締役とは株主を代表して経営陣を文字通り「取り締まる」役割を担うものであり、バフェットがその取締役会のトップになることは、何の不思議もありません。そんな当たり前のことに気づく中で、ますますバフェット型の長期投資を研究する面白さにはまり、平日の昼間はＵＢＳの債券ディーラー、夜と休日はロンドンビジネススクールの学生として、企業価値評価、経営と投資をケーススタディを通じて学んだのでした。

バフェット流の投資を日本でも出来ないか

帰国して考えたのが、バフェットのような投資を日本でも出来ないのかということでした。日本では短期で売買を繰り返す手法ばかりで、バフェットのようなスタイルの投資はほとんど誰もしていなかったのです。

しかしよく考えてみれば、かつて長銀が行っていた融資は、目先の資金繰りのために短期資金を貸し出すのではなく、企業の設備投資に必要な長期間の資金を貸し出し、行員が融資先企業と密接に連携を取り、財務部長にさまざまなアドバイスをしながら、お互いにとってハッピーなゴールを目指していくというものでした。バフェットの考え方に近かったのです。

今更、債券ディーラーに戻ってもつまらない。動物園の中で神経をすり減らす仕事に未来を感じることは出来ませんでした。長銀はなくなってしまったけれど、バフェットのやり方は正しいはずだ。自分が本当にやりたいことはこれではないか。

そんな思いを抱いていたとき、長銀から農林中金に行った先輩に誘われました。農林中金は、プライベートエクイティやヘッジファンドなどのオルタナティブ投資の金額では、世界でも10本の指に入るような大投資家でした。それは現在も変わりません。

私は農林中金に入り、オルタナティブ投資のセクションに配属されました。そこでプライベートエクイティファンドとヘッジファンドへの投資の両方を担当することになったのです。

いくつか専門用語が出てきたので、簡単に説明しておきましょう。

オルタナティブ投資とは、日本語では「代替投資」と訳されることが多く、従来の伝統的運用資産（株式、債券）とは異なる投資のことを総称する概念です。

要するに、株式や債券は昔からある伝統的な投資対象ですが、オルタナティブ投資はこうした伝統的な投資対象以外の投資対象を指しています。具体的には「プライベートエクイティ」や「ヘッジファンド」「不動産」などがそれに当たります。

プライベートエクイティは、未公開企業の株式に投資することです。上場していませんから、株価という値段がついていません。そこで、企業価値の評価を行った上で株式を保有し、場合によってはその保有企業に対して経営上のアドバイスを支配株主としてすることで、企業価値を増大させます。そのような非上場株式への投資を行うファンドとして有名なものが世界的にはKKR、カーライルなどがあり、日本にはアドバンテッジパートナーズやユニゾン・キャピタルといったファンド運営会社があります。

また「ヘッジファンド」は、なかなか「これがヘッジファンドだ！」というように一言で言い切りにくいのですが、株式や債券だけでなく、先物取引やオプション取引など、それこそありとあらゆるものを投資対象にしてリターンを目指していくというファンドです。このようにプライベートエクイティやヘッジファンドなど非伝統的な投資対象を用いて運用するのが「オルタナティブ投資」ということになります。

農林中金での投資経験

農林中金についても簡単に触れておきましょう。

農林中金、正確には「農林中央金庫」のことで、「農中」という略称で呼ばれることもあります。農家の方が加入している農業協同組合（農協）ではJA貯金といって主に農家の方を対象にした貯金が取り扱われており、そこで集められたお金を農林中金がひとまとめにして、さまざまな運用を行っています。ここに集まっているお金が今、100兆円以上あって、そのうち8割程度が米国国債を中心とした債券、株式などの伝統的アセットクラスへの投資、クレジット投資、ヘッジファンド、プライベートエクイティといったオルタナティブ投資などで運用されています。

つまり国内向けの融資は全体の2割程度でしかないということです。それだけ、日本国内には貸出し先がないということでもありますね。

世界的にみても、これだけ大きな規模でオルタナティブ投資を行っている投資家はそれほどいません。恐らく世界でも10本の指に入ると思います。

農林中金はオルタナティブ投資を１９９６年に始めました。１９９７年にアジア通貨危機、１９９８年にＬＴＣＭショックという、世界中の株式市場や債券市場が大混乱に陥るような金融危機が起こり、多くのヘッジファンドが存続の危機に立たされました。こうした危機的状況の中で、ヘッジファンドなどに多額の資金を投資していた多くの金融機関が、ヘッジファンドとの契約を打ち切り、資金を引き揚げたわけですが、農林中金は逃げませんでした。

結果から言うと、この判断は正しかった。私は２００３年から農林中金でオルタナティブ投資を見ている関係もあって、時々、米国のヘッジファンドを訪問します。その時、私と会ってくれるのが、投資家窓口の営業担当者ではなく、組織のトップであるマネジャーなのです。

基本的に一流のヘッジファンドになると、マネジャーが出てきて投資家と話をするなどということはありません。なぜなら、彼らは自分の腕に絶対の自信を持っていて、投資家に会って説明するくらいなら運用に時間を割いた方が、最終的にファンドのリターンにつながることを知っているのです。

それでも私が農林中金の担当者として訪問すると、マネジャー本人がわざわざ時間を割いてくれるのは、そもそも農林中金の運用資産規模が非常に大きいことに加え、アジア通貨危機やLTCMショックの時でも、ヘッジファンドから資金を引き揚げなかったことへの感謝の気持ちがあったのでしょう。

もともと私は、ヘッジファンドに対して良い印象がありませんでした。「ハゲタカファンド」と揶揄《やゆ》する言葉もあるように、「大きな金額で売り買いを繰り返しながらマーケットを壊す連中」というイメージがあったのです。しかしそれは誤解であることに気づきました。

さまざまなヘッジファンドやプライベートエクイティと接点を持ち、実際に彼らの投資手法を見る中で、段々ヘッジファンドに対する偏見が無くなっていきました。彼らの中には、一つの企業に投資するのに、物凄いページ数のレポートを作成し、投資したら5、6年は平気で持ち続けるというヘッジファンドも多かったのです。まさにバフェットの考え方に近かったのです。

彼らは皆、徹底的に企業価値評価を行い、そこに自らの人生をかけてリスクをとってきます。成功すれば、パートナーレベルならば数十億円、数百億円という年間報酬を得ることもあります。実際に話してみると、純粋に「鋭くて」「熱い」人が多いと感じました。

社内ベンチャーで「NVIC」を設立

持続的な競争優位性を有する企業を合理的な価格で買い、永久に保有しようとするバフェット型長期投資を日本企業を対象にできないのだろうかという、以前から抱いていた問題意識と、実際のオルタナティブ投資を通じて素晴らしい運用者とその投資スタイルに触れたことが、農林中金バリューインベストメンツを立ち上げるきっかけになりました。彼らの投資手法を見ているうちに、日本には同じような運用コンセプトのファンドがないことに気づいたのです。それで社内を説得して回り、社内ベンチャーの形で農林中金の資金を運用するチームを組み、農林中金から100億円の枠をもらって運用することから始めました。

農林中金は非常にフラットな組織で、運用の総責任者の専務が普通にフラフラと執務室を歩いています。その専務をつかまえて、「専務、面白いことを考えたんですが……」と2枚のプレゼンを用意して説明したのです。後の章で説明する「構造的に強靱な企業®」の3つの基準と具体的な企業名を説明するペーパー1枚と、表紙の計2枚。表紙には「日本のバークシャー・ハサウェイを目指して」とだけ記していました。

その説明を聞いた専務は第一声「面白そうじゃないか、Just Do It!」と言ってくれました。

それはまさに、バフェットのように「売り買いせずにリターンを挙げる」ことが日本でも可能なのかという、壮大な社会実験の始まりでした。

最初は、「売り買いせずにリターンを挙げることなんて本当に可能なのか」という懐疑的な意見も社内にありました。でも2008年のリーマンショックを経て明らかになったのは、私たちのチームが運用したファンドのリターンが、他の日本株運用のファンドのリターンに勝っていたことでした。これによって「買ったら売らない」という運用が、実は正しいのではないかという見方が増えていきました。

こうしたなかで、もっとこのファンドを大きくしたいと考えるようになりました。農林中金の自己資金運用だけでなく、たとえば企業年金や、ソブリン・ウェルス・ファンド（SWF：政府系ファンド）の資金も運用することで、ファンドの規模を大きくしようと考えたのです。それで2009年に農中信託銀行にチームごと移籍した後、農林中金バリューインベストメンツとして独立。100億円からスタートした運用資産は、農林中金だけでなく、いくつかのプロの機関投資家に支持されながら、現在は3000億円にまで殖えました（2019年12月末時点）。

今でもいろんな人に「よく農林中金のような大企業でそんな新しいことが始められたね」と言われるのですが、私は「農林中金だからこのようなことができたのだ」と確信しています。確かに農林中金は大銀行として投資の進め方やその内容について、堅いところが多いのは事実です。しかし組織はとてもフラットで、役員レベルでも面白い話であれば、とても真剣に聞いてくれる組織文化があります。世界のトップクラスのプライベートエクイティ、ヘッジファンドの運用者に実際の投資を通じて会って議論する経験を持てたのも、農林中金ならではのことです。

この会社を設立するにあたって、私は「設立趣意書」をつくりました。設立趣意書で有名なのは、ソニーの創業者である井深大さんが書いたものですが、会社が永続するためには、企業哲学を表す設立趣意書が必要だというのが私の考えです。ソニーの設立趣意書には「真面目ナル技術者ノ技能ヲ最高度ニ発揮セシムベキ自由闊達ニシテ愉快ナル理想工場ノ建設」とあります。痺《しび》れませんか？　いつ読んでも色褪せることのない真理がそこにあると思うのです。

設立趣意書

農林中金バリューインベストメンツ株式会社

1. 設立の目的

"価値に基づく資本配分を通じた経世済民の実現"

～Quest for Value～

【投資家への価値】 ～ Value for Investor ～

規律ある投資による合理的なリターンの実現

【投資先への価値】 ～ Value for Investee ～

長期的な企業価値創造を目的とした、投資先企業との信頼関係の構築

【人財の開発】 ～ Value for Investment Community ～

価値評価・価値創造に資する人財の開発

2. 経営方針

- 自律したプロフェッショナルの主体的な取組を尊重する。
- シンプルかつフラットな情報共有と情報生産を重視する。
- 知的生産活動における創意工夫を最大限に発揮せしむる環境を整備する。
- ゼロベース思考で意思決定を行う。
- 経営資源を集中的・機動的に投下する。
- 小組織、柔軟な組織であることを最大限に活用する。
- 人材育成は最良の長期投資である。

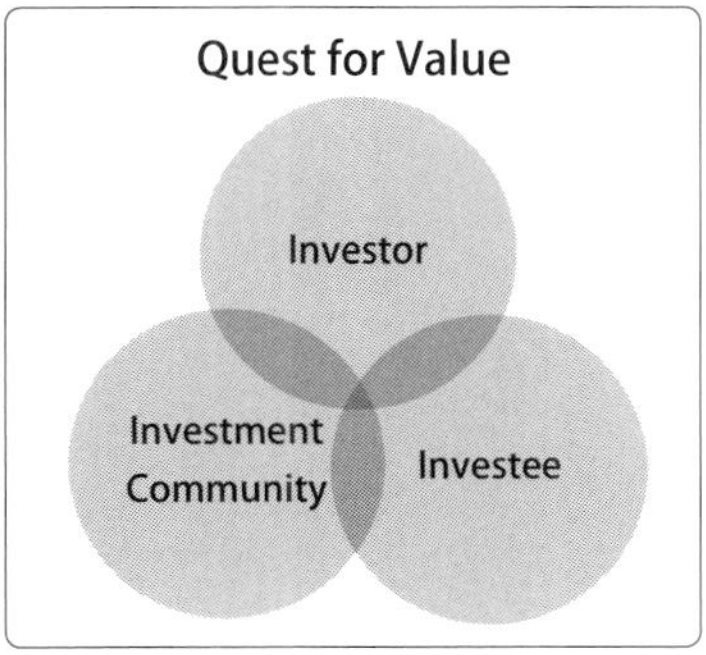

だから、我々の設立趣意書も50年後、60年後に読んでも鳥肌が立つような内容にしたいと思いました。

農林中金バリューインベストメンツの設立趣意書の中心理念は「経世済民」です。長期投資の力で世の中に貢献しようという強い意図を表しています。具体的には「価値を3人の人に対して届けよう」というものです。

第一に投資家に対してきちんとリターンを返していく。これは運用会社として当然のことです。また、投資哲学、実際の投資内容について詳細に投資家に説明することで、長期投資に関する納得感を持ってもらうことに注力します。

第二が投資先企業の価値を高める努力をすることです。私たちは基本的に投資先企業の株式を持ち続けることで、その経営者、従業員と同じ舟に乗ります。投資先企業とは経営者と事業に関わる対話を行い、企業についての理解を深めると同時に、金融マンとしての気付きを経営者と共有するようにしています。このプロセスが、投資先企業の価値を高めることにつながると信じています。これは私が長銀で実現したかったことなのかもしれません。

そして第三がコミュニティに対する価値提供です。投資家、投資先企業にとって意味のある長期投資を根付かせるためには、インフラの整備が不可欠です。具体的には長期投資についての教育などに積極的に関わっています。京都大学や高校などで講義などを行っているのもこのためです。

私たちの活動が投資家、企業、コミュニティにおける価値を高め、日本という国の持続可能性も高めていく。そういう願いを、私は設立趣意書に込めたのです。

《3時限目》

日本人はなぜ投資が苦手なのか？

どんどん貧しくなる日本

「日本は１８００兆円もの個人金融資産があるから国民は豊かだ」と言われますが、この言葉を額面通りに受け取ってはいけません。

２０１９年９月時点の日本の個人金融資産の総額は１８６４兆円です。確かに１８６４兆円という金額はかなりのものです。

時計の針を24年前に戻してみましょう。１９９５年、日本ではバブル経済が崩壊して長い低迷期に入ったところです。この時の個人金融資産は１１８２兆円でした。つまり24年間という歳月を経て、個人金融資産は１・55倍になりました。これを率にすると、1年につき2・3％ずつ増えていったことになります。

では、米国はどうだったのでしょうか。

１９９５年時点の米国の個人金融資産は、２３４３兆円でした。米国は日本に比べて人口が多い国なので、まあこの程度の差があっても不思議ではありません。ところが、それから24年が経過した2019年9月時点の数字を見ると、985５兆円にもなっています。実に4・2倍。年率にすると、1年につき13・3％も伸びていったことになります。

日米の差で見ると、1995年時点では米国が日本の約2倍。これが2019年9月時点では5・3倍にもなっています。いくら米国の方が日本に比べて人口が多いといっても、5・3倍の差は、それだけでは説明できないでしょう。

もっとも米国の場合は貧富の差が非常に激しいので、個人金融資産が大きく増えたからといって、全米国民が幸せになったとは言えませんが、ここではあくまでも全体の話をします。米国の家計は少なくともこの24年間、豊かさを謳歌してきたはずです。これに対して日本の家計は、豊かさをほとんど実感できずにいます。これが現実の姿なのです。

金融資産ではピンとこないかもしれません。では国民一人当たりの平均賃金ではどうでしょうか？　私が社会人になった1992年の日本の平均賃金は3万9361ドルだったのですが、26年後の2018年でも4万5573ドルと微増しているにすぎません。

その間、アメリカは4万7114ドルから6万3093ドルへと1・34倍、フランスでは3万4058ドルから4万4510ドルへと1・31倍へと増加しています。正

平均賃金の推移

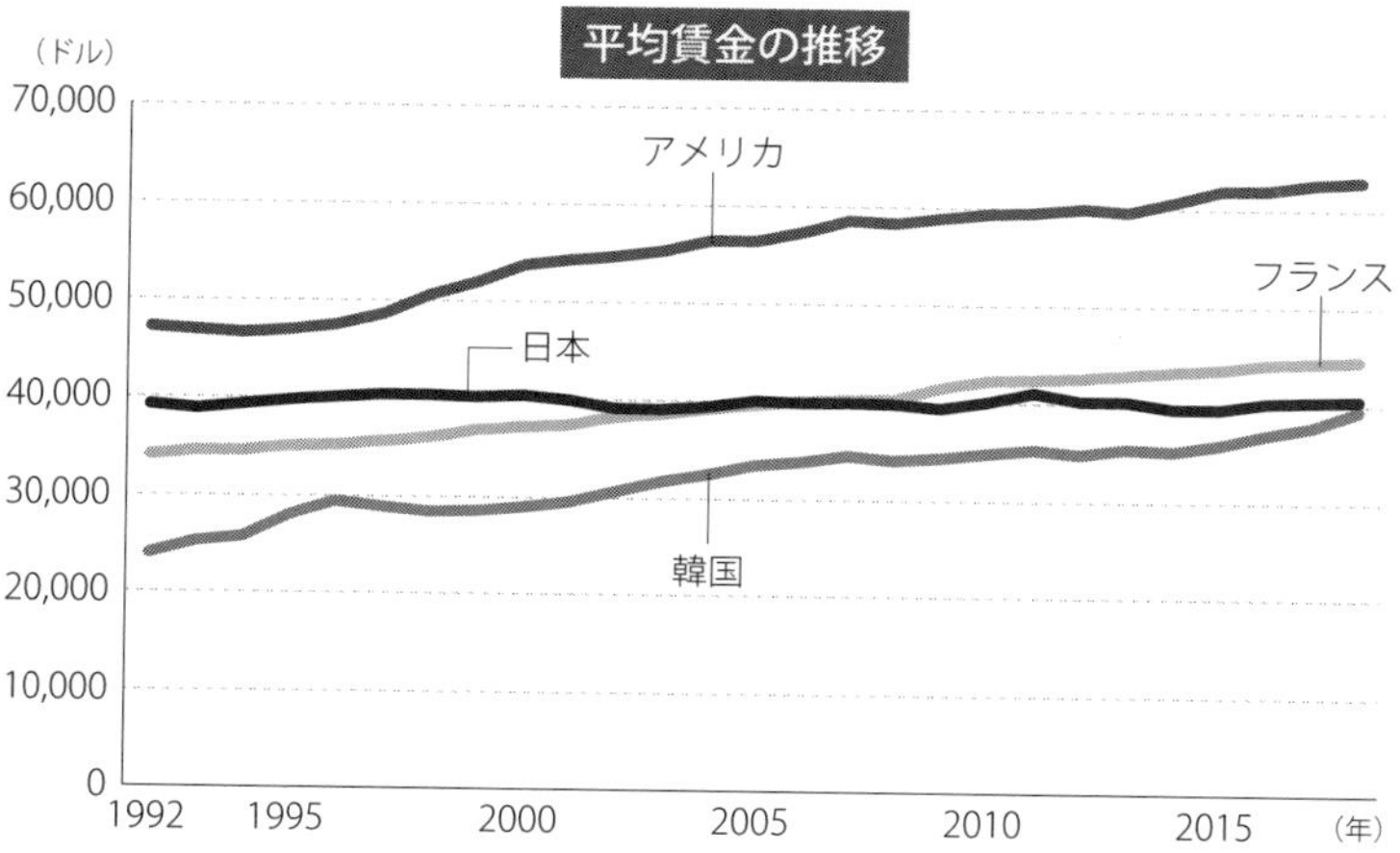

出典：OECDデータ

確にはインフレを調整する必要があるのですが、実感として大事なことはこの失われた30年で日本人の平均賃金がほぼ変わっていないということと、他の国から抜き去られてしまっているという厳然たる事実です。

まだ抜き去られているわけではありませんが、たとえば韓国は2万3981ドルから3万9472ドルへ1・65倍に増加しており、ほぼ日本と並んだ状況になっているのです。

最近、インバウンドなどと称して日本に来る外国人観光客が増えています。日本が持つ観光資源が再評価されたからでしょうか。

たぶん違います。もちろん、それも一理ありますが、最大の理由は、日本なら安く

日米家計金融資産構成比率比較（2019年）

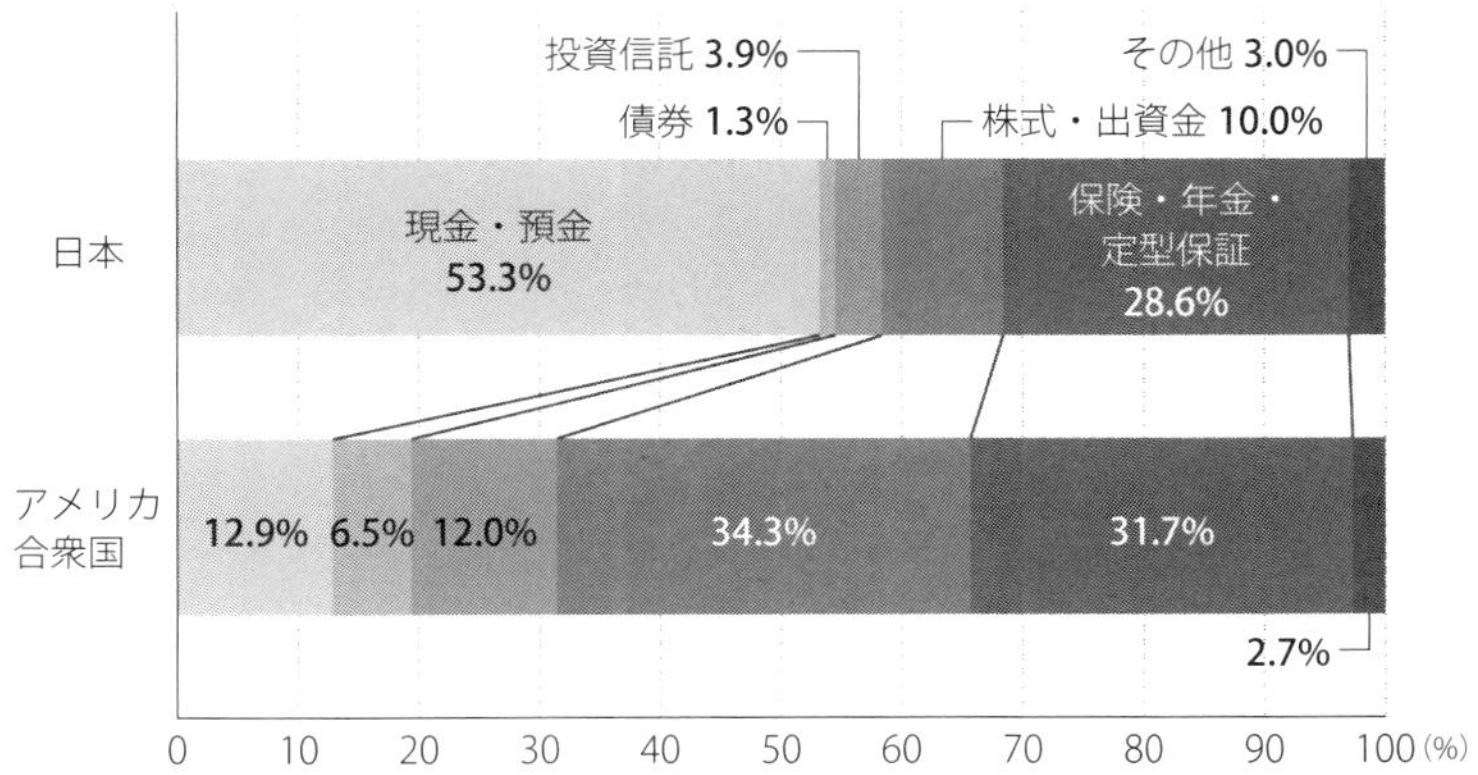

日本銀行「資金循環の日米比較」

旅行できるからです。いくら笛を吹けどもインフレにならず、物価はほぼ横ばい。日本以外の国では、経済成長に伴って賃金も物価も上がっています。結果、相対的に日本の物価が安くなり、それを目当てにした外国人観光客が流れ込んできているのが、本当の姿でしょう。日本で1泊2、3万円程度のグレードのホテルに米国で泊まろうとすると、恐らく7、8万円は取られます。これだけの格差が生じているのは、日本がどんどん貧しくなっているからです。

さて、話を個人金融資産に戻しましょう。なぜ、日本の個人金融資産の伸びはここまで鈍いのでしょうか。

これは個人金融資産の構成を比較すれば

一目瞭然です。保険・年金・定型保証は日本が28・6％で、米国が31・7％ですからそれほど大きな差ではありません。

ところが現預金や投資信託、株式の数字が大きく違います。

日本の個人金融資産は、現預金が53・3％と半分以上を占めているのに対し、米国の現預金はたったの12・9％です。

そして投資信託が、日本の3・9％に対して米国は12・0％。株式は日本が10・0％であるのに対して米国は34・3％もあります。

個人金融資産のうち投資信託と株式に見られる日米差は、この間の株価上昇によって、両国の個人金融資産の総額に大きな影響を及ぼしました。株式市場全体の値動きを示す株価インデックスを日米で比較すると、よく分かります。米国の株価インデックスはS&P500、日本はTOPIX（東証株価指数）で比較してみましょう。1988年12月末時点のS&P500は277ポイント、2019年12月末時点のそれは3230ポイントでした。つまり、11倍以上にもなっているのです。

これに対して1988年12月末のTOPIXは2357ポイント、2019年12月末のそれは1721ポイント。3割ほど下回っています。

もうお分かりいただけたと思います。なぜ日米の個人金融資産の額が、この24年間で

日本株と米株インデックスの長期的趨勢比較

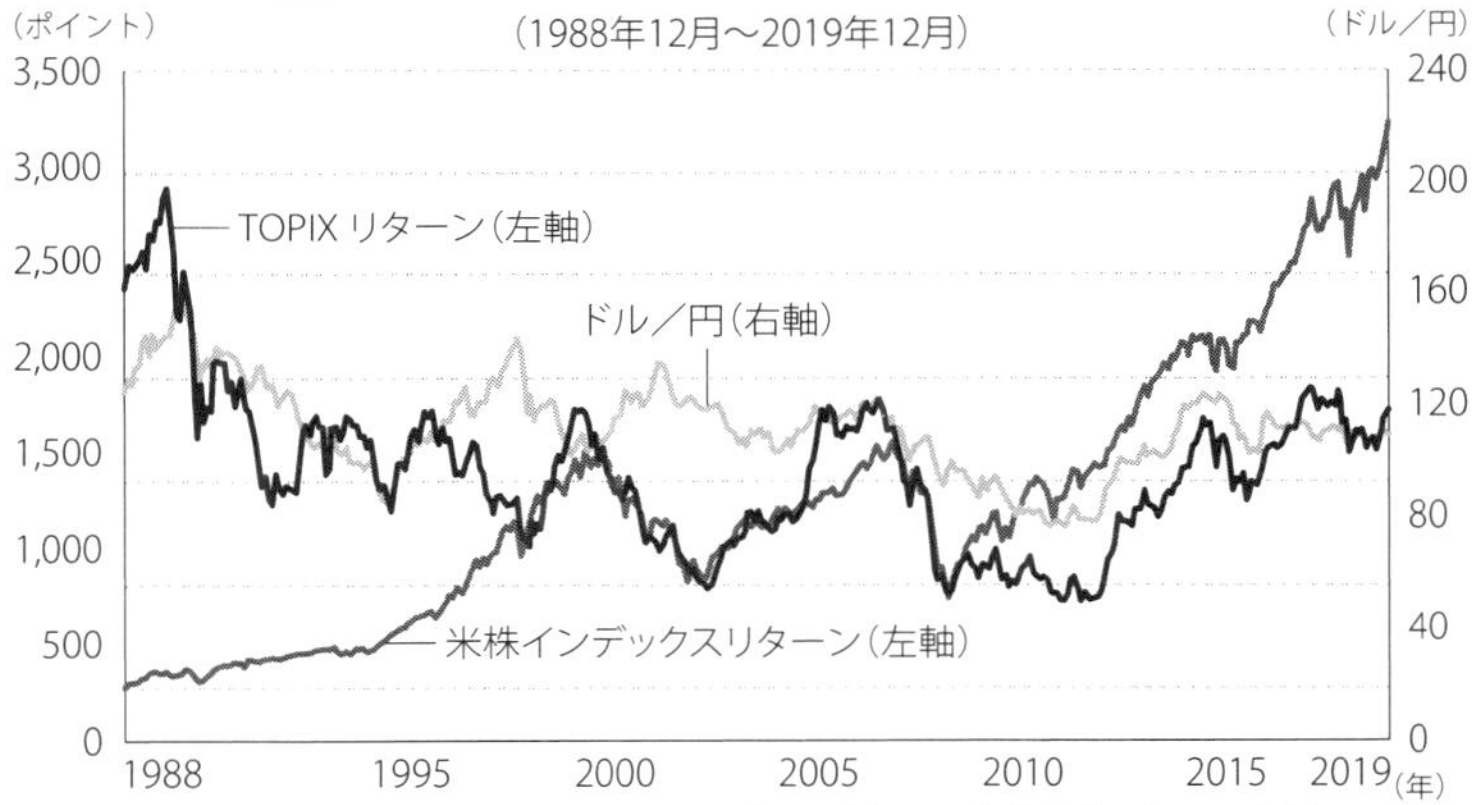

出所：Bloombergデータを基にNVIC作成。配当リターンは含まれていない。

こうも大きな差が開いたのか。それは米国の場合、株式や投資信託の保有比率が高いだけでなく、米国企業の成長に即して株価が着実に値上がりしたからです。日本のように現預金が資産の半分以上を占めており、しかも日本企業が生み出す利益がほとんど伸びない状態では株価も上がるはずがなく、個人金融資産が増えないという状況に陥っているのが現実の姿なのです。

これから先を見据えると、日本にはもっと悲惨な現実が待ち構えています。このままの状態が続くと、恐らくこれから５～６年の後には、１８００兆円という個人金融資産の額が減少していくと思われます。なぜなら、１９４７年から１９４９年にかけて生まれた団塊世代が順次、後期高齢者になるからです。

日本で最も人口比率の高い世代が、いよいよ自分の身体の自由が利かなくなり、社会の第一線から完全に身を引くことになります。結果、これまでの蓄財を取り崩しながら生活するようになるため、個人金融資産の取り崩しが始まります。1800兆円という数字にあぐらをかいていることも出来なくなります。そうなった時、改めて日本人は自分たちが貧困に向かっていることを実感するのかも知れません。

でも、このまま貧しくなっていく自分たちを静観しているわけにはいきません。誰だって貧しくなりたくないでしょう。それを解決するためには、日本人もどんどん株式投資を始めれば良いのです。

日本人はなぜ投資をしないのか？

とはいえ、「日本人もどんどん株式投資をすれば良い」といって皆が動くなら、私もここでこんなことを言っていないわけです。金融庁が「貯蓄から投資へ」というスローガンを掲げてから、かれこれ20年近い歳月が経ちますが、なかなか進んでいません。近年、スローガンを「貯蓄から投資へ」から「貯蓄から資産形成へ」に変えても、「笛吹けど誰も踊らず」という状況に変化があるようには見えません。

日本人はそもそも投資が嫌いなのか、それとも投資が下手だと思っているのかよく分かりませんが、何となく「投資」に対してある種の偏見があるような気がします。

私の親は、私に向かってよくこう言います。

「大学まで出たのに、なんで株なんかやっているんだ」

株式市場は鉄火場。つまり博打を打つ場所だと思っているのです。私の親と同じ考え方の人は、今も結構いらっしゃいます。「我が家は家訓で株式投資はやらないことになっている」なんて言う人もいたりします。

しかし、恐らく日本人の間に投資を嫌悪するようなメンタリティが広まったのは、そんなに昔のことではないと思います。

日本の資本主義の歴史をたどると、その考え方が入ってきたのは明治時代のことです。

２０２１年のＮＨＫ大河ドラマの主人公は、今度、１万円札の顔になる渋沢栄一です。彼は慶応３年に、君主である一橋《ひとつばし》慶喜《よしのぶ》公の弟の随行でパリの万国博覧会に行き、そのまま１年半をパリで暮らしました。そのなかで近代西洋社会に触れて、資本主義の考え方を身に着けたのです。そして大蔵省に勤務し、そこを辞めてから第一国立銀行を設立。それ以外にも500以上の株式会社設立に関与しました。

渋沢栄一が関わった会社として知られているのは、みずほフィナンシャルグループ、東京海上火災保険、日本郵船、カネボウ、キリンビール、秩父セメント、帝国ホテルなど。今でも一流企業として存続している会社がたくさんあります。

また2010年のNHK大河ドラマだった「龍馬伝」は、坂本龍馬が主人公でしたが、あのドラマは岩崎弥太郎の視点から坂本龍馬を描いたものでした。ちなみに岩崎弥太郎といえば、三菱グループの創業者です。

岩崎弥太郎と渋沢栄一は、お互いに強いライバル意識を持ち、海運ビジネスで激しい競争を繰り広げたのですが、彼らこそはまさに資本家そのものでした。岩崎弥太郎にいたっては、儲けも権限もすべて自分のもとに集め、自ら大きなリスクをとって商売を展開しました。

「日本人はリスクを取るのが苦手」などと言う人もいますが、そんなの大ウソです。日本には明治時代に創業して今に至っている企業がたくさんありますが、創業当時は、とてつもなく大きなリスクを抱えて、商売に邁進していたのです。

そして三菱財閥、三井財閥、住友財閥、安田財閥、大倉財閥、渋沢財閥といった富豪の一族が財閥を形成して群雄割拠していきました。財閥とは家族や同族が親会社をつくり、その傘下にさまざまな種類の産業に属する企業を統治している企業形態です。自ら資金を出し、リスクを引き受けて投資を実行する。そして大勢の社員を雇って働かせる。財閥の長はまさに資本家そのものといっても良いでしょう。日本の資本家マインドは、明治時代の幕開けとともに欧米から入ってきて、根付いていったのです。

ところが、日本において資本家マインドは一部の財閥経営者を除けば、ほとんど浸透しませんでした。

なぜでしょうか。私はこの裏側に、日本が経験した第二次世界大戦における敗戦があったのではないかと考えています。敗戦によって日本では、次の世代に向けて資本家マインドが定着する機会を失った、とでも言えば良いでしょうか。

それは2つの点で、日本人の資本家マインドを喪失させたと考えられます。

第一は財閥解体です。皆さんも、歴史の教科書で少し聞いたことがあるのではないでしょうか。これは連合国による日本の占領政策のひとつです。どうやら連合国側には、日本の財閥が軍国主義を制度的に支援したという認識があったらしく、これを解体すれば軍国主義は消滅すると考えていたようです。この政策によって三井本社、三菱本社、住友本社、安田保善社といった持ち株会社は解散させられ、かつこれら4大財閥の構成員や持ち株会社の役員、監査役は産業界から追放されました。

これによって資本家としての成功体験が完全に失われました。海外にはロスチャイルド家、ロックフェラー家、モルガン家など、長い歴史を持つ名家があり、いずれも世界のビジネス界において名前が知られています。ロスチャイルド家といえば金融資本ですし、ロックフェラー家といえば石油資本です。こうした資本家の成功体験を持っている国では、全国民とは言いませんが、しっかり資本家マインドが根付いていきます。

でも、日本はそれが完全に財閥解体によって断ち切られてしまいました。三菱本社、三井本社といった財閥が解体されることなく、今も脈々と続いていれば、日本にも資本家マインドが定着したはずです。

資本家マインドが失われた第二のポイントは、焦土と化した日本で皆、生きていくために、労働者として働かざるを得なかったことが挙げられます。全員が労働者1・0になってしまったのです。投資をしようにも「お金」がないのだからどうしようもない。労働力しか売るものがなかったのです。

このように考えると、世間で「日本人は投資が嫌い」とか、「日本人は投資が苦手」などと言われていることが、いかに的外れであるかが分かります。日本人だって本来、資本家マインドを持っていた。にもかかわらず、それが育まれていく一歩手前で敗戦を迎え、その機会を失ったまま今に至っているというのが、本当の姿だと思います。

子供たちに資本家マインドを

もし日本人は投資が苦手なのだとしたら、逆に欧米人は投資が得意なのでしょうか。これもたぶん違うと思います。昔、テレビ番組や雑誌の記事で、米国の普通に働いている会社員でも株式に投資していたから大金持ちになれた、といった類の話がフィーチャーされたことがありました。それを日本では曲解して、「米国には投資クラブがあって皆がそこで切磋琢磨している」とか、「子供の頃から投資教育が行われているため、大人になって株式投資が上達している」といった「とんでも話」が流布され、それを真似するような動きが方々でありました。

でも、よく考えてみると分かることなのですが、米国の株価はずーっと値上がりしているのですから、ただひたすら持ち続けていれば儲かったのです。もし興味があったら、S&P500という株価インデックスの超長期チャートを見て下さい。1871年から

2019年までの約150年間、もちろん途中で多少の上下はあったにしても、最高値を更新し続けています。新型コロナウイルスの影響で、2020年2月以降、米国の株価は急落しましたが、いずれ再び上昇し、最高値を更新していくでしょう。

ちなみに1871年のS&P500は4ポイントだったそうですが、2020年に入って3300ポイントを突破しました。これなら、わざわざ大変な思いで企業研究をして、有望なビジネス、企業を探さなくても、S&P500という株式市場全体の動きを示す株価インデックスを買ってさえおけば、誰でも株式市場から相応のリターンを得られるはずなのです。

つまり欧米人は株式投資が得意なのではなく、「お金がお金を生む」方法を知っており、かつマーケットが右肩上がりで上昇を続けてきたため、株式に投資してきた誰もが儲かったというだけに過ぎないのです。

「日本人は農耕民族だから株価を追いかけて儲けることが苦手」という意見もありますが、これも妙にねじれた話です。欧米人は狩猟民族だから、常に獲物を追いかけるのが得意であり、したがって、常に動いている株価を捉えるのが上手いと言いたいのでしょう。

でも、それは結局、株価を追いかけているだけに過ぎず、前にも言いましたが、労働者1・0の稼ぎ方と何も変わりません。資本家としての生き方を追求するのであれば、長期的に育つと思われる事業分野に資金を投下し、念入りに経営サポートをして、その事業分野を大きく育てていくことに専念するわけで、それはある意味、種を蒔いて、細かく水やりや草むしりをし、丹念に農作物を育てていく農耕民族の生き方に近いように思えます。

それに、前述したように明治時代には十分にアグレッシブな商人が、日本にも大勢いました。最近の日本でも、日本電産の永守さんは十分にアグレッシブですし、積極的な投資も行っています。

そうなると、敗戦によって大勢の日本人に資本家マインドが広まることは無かったけれども、実は一部の人々にその流れは受け継がれてきたのではないかという考えも成り立ちます。松下幸之助や本田宗一郎など、戦後日本の高度経済成長を支えてきたビジネスの偉人たちは、まさに資本家でしたし、彼らは自社のビジネスをより大きなものにするため、設備や人材に対して惜しみなく投資をしてきました。

つまり日本人は、決して投資が苦手でも下手でもないのです。それなのに、どうして投資に対する偏見が醸成されてしまったのでしょうか。それは歴史の皮肉というべきかもしれませんが、「東洋の奇跡」とまでいわれた日本の製造業としての成功体験のせいかもしれません。

1950年に勃発した朝鮮戦争に伴う朝鮮特需を契機に製造拠点としての日本が息を吹き返し、その後の高度経済成長期につながります。安価な労働力と通貨を武器に工業製品を大量生産して先進国に輸出することで、日本は先進国の仲間入りを果たしたのです。確かに、この世界史上稀に見る成功は我々の先達が脇目もふらずに働き、技術を蓄積していった結果であることは間違いないですが、その成功に慢心していたのも残念な事実です。その成功体験に基づく慢心が「モノづくりこそ尊い」という信仰を生み出し、同時に「投資とはいかがわしいものだ」という間違った社会通念を生み出してしまったのだと思います。日本の「モノづくり」は確かに素晴らしいし、それを否定するつもりは毛頭ないですが、モノづくりが尊いのは、顧客の課題を解決するから、顧客や社会に対して価値を提供するからなのです。いわば、モノづくりは価値づくりのひとつの手段に過ぎないと考えるべきです。

このように、第二次世界大戦に敗れた劣等感とそれをひっくり返した成功体験によってつくられた過度な「モノづくり信仰」のもと、戦後の教育では投資の重要性について教えられることはほとんどありませんでした。資本主義国家であるにもかかわらず、多くの国民は投資の重要性を知らないまま大人になります。教育の分断が起こっているのです。

このマインドを変えるためには、本来なら教育からしっかり見直していく必要があります。たとえば歴史であれば、「大化の改新は645年」などと年号を暗記するより、文明がどのようにつくられてきたのか、その中で資本主義がどのように機能したのかなどについて教えるべきです。子供たちが、自然とお金や投資の重要性について学ぶきっかけをつくることです。

ただ、ここでひとつだけ注意しなければならないのは、「経営」と「投資」を切り分けないことです。松下幸之助や本田宗一郎は「経営者」としては知られていますが、同時に「投資家」でもあることを教えてくれる人は、どこにもいません。いや、そう思われてさえいないふしがあります。その裏には、経営者は素晴らしい仕事だけれども、投資家はどことなく後ろめたい仕事という印象があるからのように思えます。

でも、紛れもなく松下幸之助も本田宗一郎も、経営者であるのと同時に投資家です。経営者は自己資金や金融機関から借りてきた資金でもって、設備投資や人材投資を行います。もちろんその際には、未来の経済環境、景気動向、商品の売れ行きなど、さまざまな見通しのもとに、どのような投資が必要なのかを検討しますが、それは、投資家が株式に投資する際に検討することと全く同じです。ただ投資する先が設備や人材なのか、それとも株式なのかが違うだけです。だから株式に投資する時には、常に経営者の目線で物事を考えることが必要なのです。

投資をすることは企業を経営するのと同じですから、そこに後ろめたさを感じる必要はいっさいありません。堂々と、子供たちに対して資本家マインドを持つことの大切さ、株式投資の重要性を伝えていくべきなのです。

楽して儲かることなんて絶対ない

また子供たちへの投資教育、金銭教育をしていくうえで重要なのは、「楽して儲かることはない」ということをきちんと伝えることです。

現に「投資教育」、「金銭教育」の場はたくさんあります。それらに関連した本もたくさん出ているのですが、残念なことにどこにも「楽して儲かることはない」ということを伝えているコンテンツがありません。だから、「投資」が曲解されておかしなものが次々と世に出てくることになるのです。

たとえば株式のデイトレードやＦＸ（外国為替証拠金取引）で、手持ちの50万円を５億円にした個人トレーダーという触れ込みで、雑誌などで取り上げられている人はいます。そういう人が書いた投資の指南書もたくさん出ています。

でも、その裏には死屍累々《ししるいるい》だということをご存じですか。

たとえばＦＸ。ＦＸとはForeign Exchange、つまり外国為替市場の略称であるForex（フォレックス）をさらに縮めた言葉で、外国為替市場で通貨を売買して収益を稼ぐトレードツールです。たぶん、皆さんも外国為替レートのことはご存じですよね。よくニュースなどで、「本日の東京外国為替市場では１ドル＝１１５円60銭でうんぬん……」と報道される、あれです。外国為替レートは時々刻々と動いていて、たとえば１ドル＝１１５円60銭で買った米ドルを１ドル＝１１７円で売却すれば、１ドルにつき１円40銭の為替差益が得られます。これを10万ドル単位、50万ドル単位というとてつもない金額で売買します。もし50万ドル分を買って、１ドルにつき１円40銭の為替差益が得られたら、総額で70万円の利益になります。

このように言うと、なんだか誰でも簡単に儲かりそうな印象を受けると思いますが、実は大半の人が負けます。これは私のドタ勘ですが、勝てる人の割合なんて１、２割程度ではないでしょうか。逆に８、９割の人は負けるということです。これがＦＸや株式のデイトレードの世界です。つまり「億トレーダー」の裏側には、大勢の参加者が大損を被って泣いているわけです。

楽して儲けたいという気持ちは分かります。なるべく短期間のうちに、楽して儲けたいというのは、動物の本能です。でも、その本能の赴くままに行動して皆が儲かるなんてことは絶対にありません。それはＦＸや株式のデイトレードに参加した人の大半が負けることで証明されています。

実際には「短期間に楽して儲けることが出来る」と心から信じている人はかなり少ないと思います。サラリーマンとして企業や工場で働こうが、コンビニでバイトとして働こうが、そんな楽な仕事があると思っている人は少ないですよね。にもかかわらず、なぜか、お金がからむ儲け話は簡単に儲かると思ってしまうのが不思議なことです。次の章で詳しく述べますが、「投資」と「投機」を混同してしまっているのでしょう。

世の中の美味しい話はほぼすべて「投機」か、最悪の場合は「詐欺」です。「投資」で収益をあげることは、脳みそに汗をかくことであって、それは体を使った労働でお金を得ることと同等に大変なのです。頭を使った労働（投資）であろうと、体を使った労働であろうと、自分以外の誰かのために提供した価値の対価こそが「収益」であり「給料」なのです。そういった気が遠くなるような道のりが、お金を稼ぐには必要なのだということをまず教育の中で教えるべきではないでしょうか。

「月に3％の配当がでます」とか「必ず儲かります」とかいう詐欺に引っかかる話が少なくとも年に3回は起こっています。騙す輩が最も悪いですが、騙される方もたいがいです。この事態をさけるために、小中学校の朝礼で「短期的に楽してお金を稼ぐ方法はない」と毎日唱えることを提唱してもいいぐらいです。それでも騙されるなら、もう同情の余地はありません。さらに悪いことに、だいたい騙し取られたお金は、反社会的勢力に流れて、犯罪の温床になってしまいます。これは、もう騙される本人だけの問題ではない社会的な損失なのです。詐欺は騙される人間がいるから成立します。騙される人が「美味しい話はない」ということさえ知っていれば騙す方もいなくなるでしょう。

もっと言うと、皆さんはお金の情報をどこから採っていますか？　テレビのワイドショーとかマネー雑誌などのメディアという人が大半だと思います。

でもテレビは万人にとって分かる内容を目指しますから、その人が本当に学びたいものはない可能性の方が高いのです。誰でも理解できる内容が儲けのネタになることは絶対にありません。

同じことは他の媒体にも当てはまります。雑誌にしても新聞にしても、誰にでも分かる内容を載せようとします。なぜなら、あまりにも小難しい内容だと誰も読まないからです。それは単行本だってそうですよ。本を書く時、恐らく多くの編集者は執筆者に対して、「誰にでも理解できる、分かりやすい書き方でお願いします」と言ってきます。ましてやネットメディアに至っては、「長文は誰も読みませんからなるべく短い文章で」と言ってきます。

短い文章で本質を突く、読む人が読めば物凄い儲けのネタになるなんて記事を書くことなど不可能です。

だから、もうはっきり言ってしまいますが、メディアを通じて流れてくる情報は、ほとんど儲けるのには役に立たないことが多いのです。残念ながら、それが真実だと思います。

まとめます。第一に、「美味しい話」はほぼ「投機」か「詐欺」です。投機の場合は勝率は、良くて半々の賭け事だと理解しましょう。そして詐欺の場合は100%やられます。詐欺ですから。

第二に、百万歩ゆずって投資において「美味しい話」があったとしましょう。でもそれをあなたに漏らす人がいると思いますか？　常識で考えればそんな人はいません。つまり、「短期間に楽して儲ける」という話は二重の意味であり得ないのです。

それを子供たちにどうやって伝えたら良いのか。楽して儲かる方法がないのだとしたら、どういう努力をすれば裕福になれるのかということを考える機会を与えれば良いのです。それがいずれ資本家マインドを身に着けて成長していくきっかけになるでしょう。そうすれば、貧困が連鎖して、貧困層には一切チャンスが与えられない国にならずにすむと思います。

資本家になることは日本人としての責務である

３時限目の最後にこれを言っておきましょう。「投資家」、「資本家」という言葉を持ち出すと、大概「そんなものは一部の金持ちの話だろう」と言われます。

それは、今から50年くらい前の発想です。前にも言いましたが、戦後の日本は焼け野原で、人々は食べるために身体を動かし、汗水垂らして働くしかありませんでした。

でも、今はどうですか？　私たちは１８００兆円という莫大な個人金融資産を持っているわけです。正確に言うと、２０１９年９月末時点の個人金融資産の総額が１８６４兆円で、このうち現預金が９８６兆円。個人金融資産全体に占める比率は52・９％です。

これだけのお金が、ほとんど金利を生み出さない銀行預金に眠っているのです。

3時限目の冒頭で、1800兆円規模の個人金融資産を持っている日本人が、相対的にみて徐々に貧しくなっているという話をしました。それはそうですよ。日本に比べて米国の方が、はるかに速いスピードで個人金融資産が増えているのですから。GDPの規模だって、1980年当時の米国は2兆8573億3000万ドルだったのが、2019年は21兆4394億5000万ドル（推計）です。39年間でおよそ10倍に膨れ上がったことになります。

ちなみにGDPというのは、一国内で生産された財やサービスの総額のことです。要するに、その国の経済規模を計るのに用いられる数字です。

では、日本はどうなのかというと、1980年当時のGDPが250兆6362億円で、2019年が539兆2282億1000万円です。同じ期間で米国のGDPが10倍になったのに対して、日本はたったの2倍です。

このように、米国との差は開く一方ですが、とはいえ日本には1800兆円規模の個人金融資産がありますから、世界的に見ればやはり金持ち国の一員と見られています。そうである以上、私たちは金持ち国としての責務を果たす必要があります。それが資本家になることなのです。資本家として、近代社会における最大の発明である資本主義の

名目GDPの推移

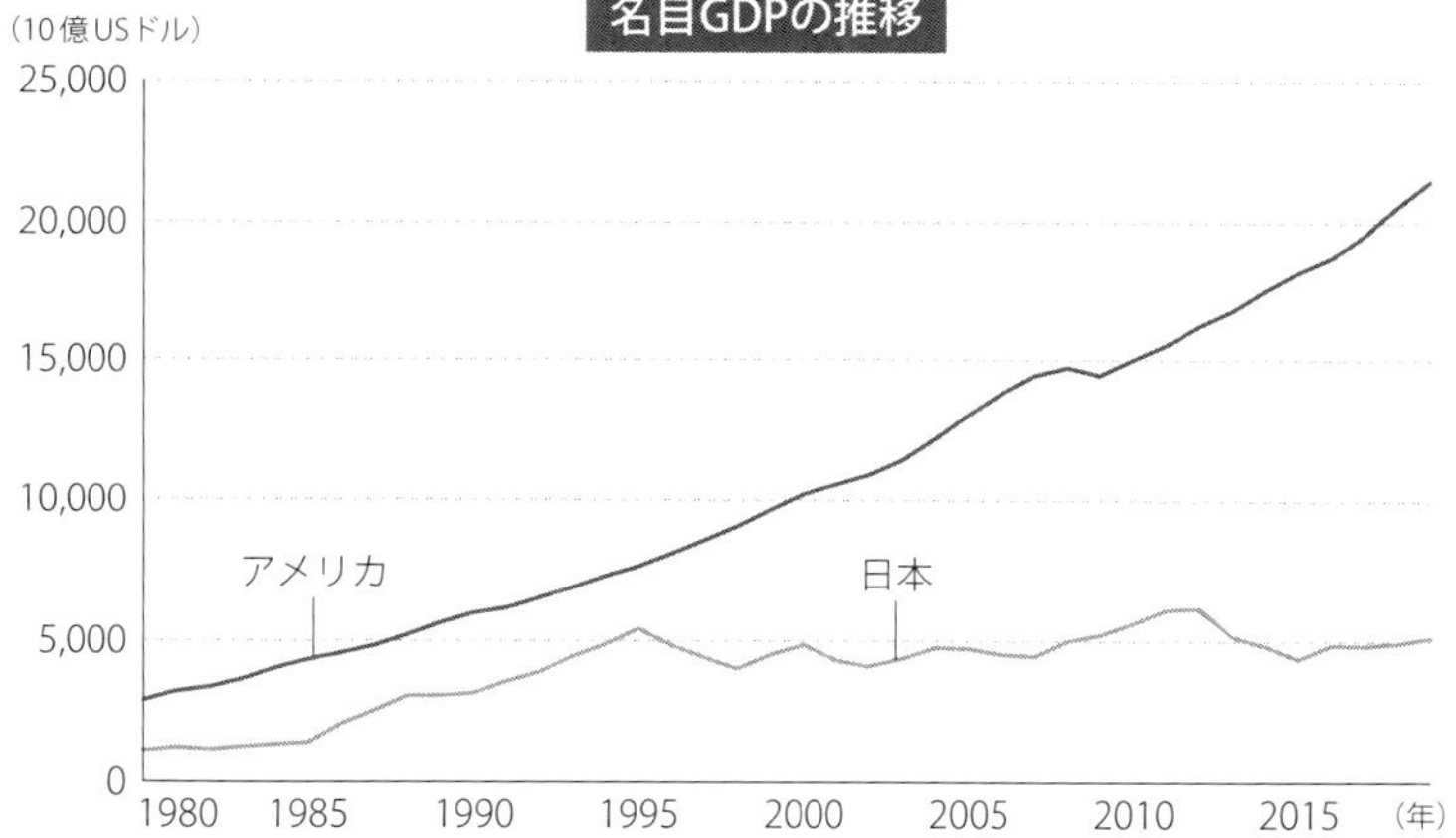

IMF-World Economic Outlook Databases

原動力となり、世の中を少しでも良い方向に進める責務が、私たちにはあるのです。

現預金にお金を置いたままの人は、労働者の殻に閉じこもり続けることを、世間に向かって表明しているようなものです。

投資を忌み嫌うのはいい加減にやめましょう。歴史的なしがらみの中で、資本主義の根本原理としての本当の「投資」について教えられることは不幸にもありませんでした。でも、それは過去のことです。私たちは過去にしばられているだけの不自由な存在ではありません。私たちには、投資を通じて豊かになる権利があります。しかもその余力をまだ持っています。いつまでも発展途上国の労働者1・0ではないのです。と同時に、真の投資は、資本主義の仕組みを通じて、文明を進歩させる力を持っています。世の中を少しずつ良くする力を持っているのです。その力を行使することは、金銭的に余裕のある先進国の国民としての義務でもあります。

もちろん、「投資をしないことが自分の信念だからそれで良いんだ。自分の老後は自分の稼ぎだけでなんとかなりそうだし、文明の進歩なんて自分には知ったことではない」という人もいると思います。でも、一方ではなんかモヤモヤしていて、「何とか今の状況を脱しなければならないと思っているのだけれども、何から手を付ければ良いのかが今ひとつ分からない」という人は、思い切って株式に投資してみて下さい。勇気を持って一歩踏み出してみて下さい。確かに、株価は常に上がったり下がったりを繰り返しているので、買ったタイミング次第では損を出すこともあります。

でも、これから私が述べる考え方で株式に投資すれば、目先の損失なんて全く気にならなくなります。長期にわたって投資をし続ければ、徐々に自分の資産が殖え、それが次の新たな投資につながり、気が付けば自分自身も資本家の端くれとして、大勢の有能な経営者に働いてもらえることになるでしょう。そしてその時には、あなたの職場での働き方や生き方そのものも、大いに変わっているはずです。

《4時限目》

「投資」と「投機」は違う

投資と投機の違いを農地にたとえると

私が行っているのは「投資」ですが、多くの日本人が行っているのは「投機」です。

投資と投機。何がどう違うのかを、分かりやすく言い表せる人はいますか？

なかなか難しいですよね。投資は資本を投じる。これは何となく漢字を見れば分かりますが、では投機は？

私だったら「農地」にたとえます。

皆さんは、自分が農地を持つとしたら、そこからどのような収益を得ようと思って買うのでしょうか。恐らく、大半の人は農地に作物の苗を植え、それが育ったら刈り取って販売し、売上を得ようとするでしょう。したがって、ここで大事なのは、その農地からどれだけの農作物が取れるのかということです。

でも、なかにはこういう考え方をする人もいます。

「この農地は今、安い値段で買える。だから、今のうちにこの農地を買い占めて来年、

「投資」≠「投機」〜農地を買う場合

農地を買う場合に何を考えますか？

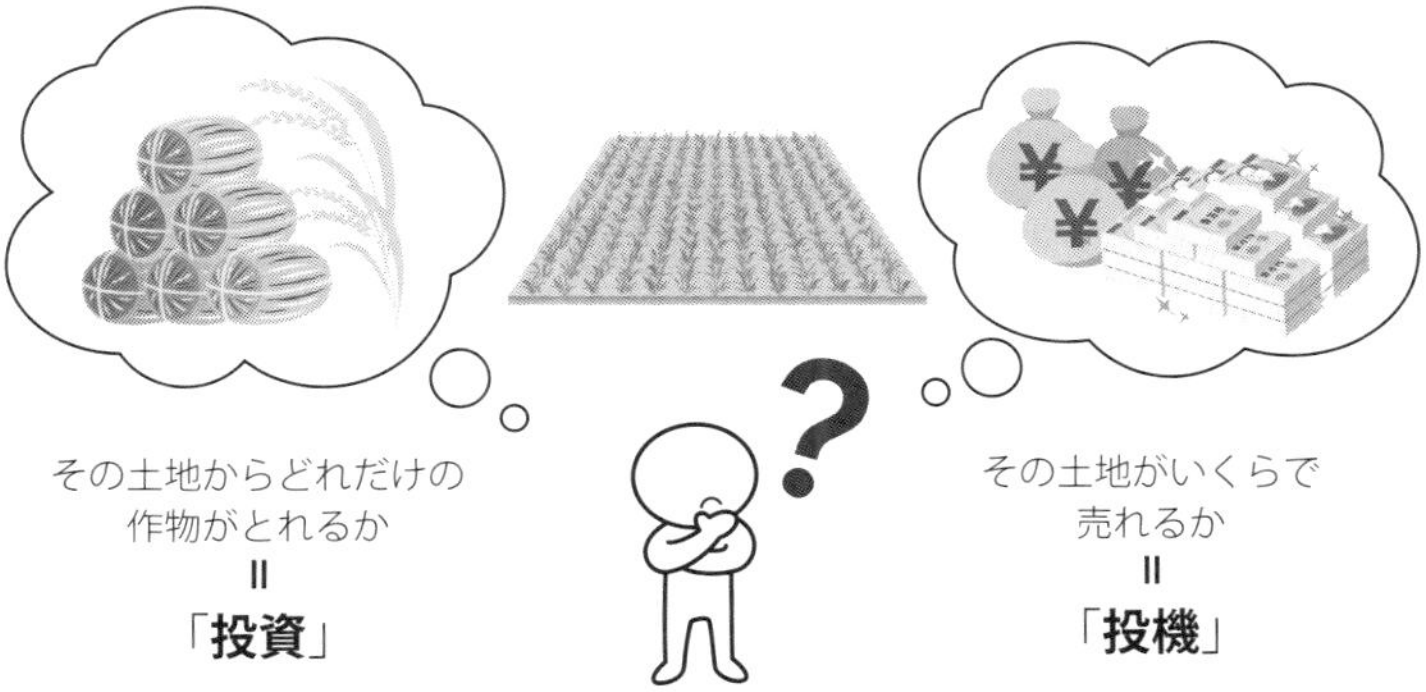

「投資」≠「投機」〜株を買う場合

企業の株式を買う場合に何を考えますか？

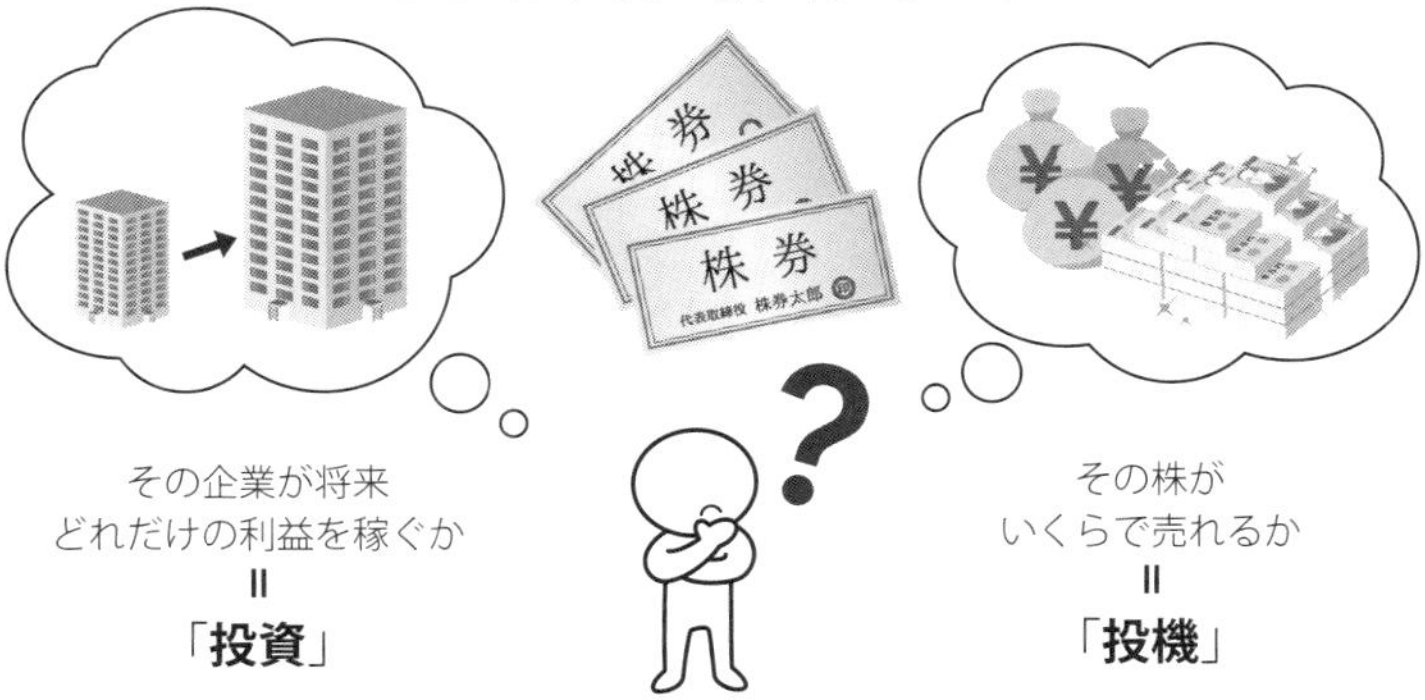

値段が上がったところで売却すれば、その差額が利益になる」

どうでしょうか。このような違いを聞くと、どちらが投資でどちらが投機なのか、何となくわかりませんか。

そうです。「この農地からどれだけの農作物が取れるのか」を考えるのが投資で、「この土地がどのくらい値上がりするのか」を考えるのが投機です。つまり、前者は農業という継続的なビジネスが成功するかどうかを前提にして農地を選択しているのに対して、後者は単にその農地が値上がりするかどうかということだけを考えているわけです。

「農地を買う」場合は、多数の人が前者の考えのもとで購入するはずです。

でも、これが本当に不思議なことなのですが、農地を株式に変えると、買おうとしている人の動機が全く違ったものになってしまうのです。

つまりこういうことです。「その企業が行っている事業から、どれだけの利益が得られるのか」を考えて株式を買うのか、それとも「この株式を買うことでどれだけの値上がり益が得られるのか」を考えて株式を買うのか、ということです。

これは私のドタ勘ですが、絶対に後者の方が多い。だって、個人投資家の方とお話をしていて、「この会社の事業内容についてどこが魅力なのか、他社との差別要因は何なのかを教えて下さい」という話はほとんど出たことがありません。言われるとしたら「この会社の株買ったら儲かるの？」ということだけです。

なぜ、農地だと純粋に農業から得られる収益をベースに考えられるのに、株式は企業が行っている事業から得られる利益をベースにして考えられないのでしょうか。

それは恐らく、「株価」という値段が常に誰からも見られるようになっているからだと思います。

ここが人間の弱いところですが、値段がチラチラ動いているのが見えると、誰でも気になるのです。農地ならば、株式のように日々、マーケットで値段が形成され、それが時々刻々と動いているものではないので、土地の値上がり益で利益を得ようという動機が生まれにくいのだと思います。

もしそうなのだとしたら、株式に投資する時も、農地を買うのと同じように、株価は最初から無いものと考えれば良いのではないでしょうか。

つまり、非上場会社のオーナーになったと考えてみるのです。すると投資額そのものではなく、投資額に対してその保有会社が実体としてどれだけの利益を上げているのかが気になるようになるでしょう。

駅前のレストランのオーナーになるイメージです。仮にそのレストランを買うのに1億円かかったとしましょう。そのレストランに投資するのに要した金額（1億円）に対し

投資と投機の違い

	投資(オーナーシップ)	投機(マネーゲーム)
焦点	・「価値」を見極める	・将来の「価格」を予想する
行動	・価格<価値の時に買う ・保有して価値増大を楽しむ	・現在の価格<将来の予想価格の時に買う ・より高値で買ってくれる他人を見つけて売却する
判断材料	・対象を保有することで得られるキャッシュフロー	・市場環境/マクロ予想 ・需給予測 ・カタリスト
ゲームの性質	・プラスサム	・ゼロサムまたはマイナスサム
時間とリターンの関係	・時間の経過とともに変化する「価値」がリターンとなる	・期待リターン(多くの場合、マイナス)に収れんする
社会や生き方への影響	・あり	・なし

て、どれだけの売上があるのか、どれだけの利益をたたき出しているのか、そこに興味の中心は移ります。その利益が最初500万円だとします。利回りに換算すると5%(500万円/1億円)です。そしてそのレストランが大成功して、お客さんが当初の倍来るようになって、利益も倍になったとします。利回りは10%になっていますね。

そしたら、他の人が「そのレストランを買いたい」と申し出てきます。その時、あなたがそのレストランを売りたいと思ったら、たぶん2億円以上で売れると思いますよ。

これが、企業がたたき出す利益とその企業が持つ価値との関係です。

尻尾がついた動物にたとえると、利益は

胴体であり、株価は尻尾と考えることも出来ます。尻尾は常に動いているのでつい気になってしまいますが、大事なのは本体である胴体です。胴体が大きくなるには時間がかかりますが、これが着実に大きくなっていることが重要です。株式の場合は、企業がつくり出す利益こそが重要なのです。なぜなら、利益が大きくなればなるほど、長い目で見れば結果として、株価もそれに連動して上昇するからです。

ところが、多くの人はそう認識していません。とにかく尻尾がどれだけ大きく振れるのかということにばかり目を奪われてしまいます。それではいけません。「投機家ではなくて投資家になりたい」と考えているのであれば、尻尾の動きは出来るだけ見ないようにして下さい。とにかく会社の「利益」をしっかり見るようにしましょう。一流の投資家は、常に利益に対して強いこだわりを持っているものなのです。

なぜ日本は投機なのか

ウォーレン・バフェットが師と仰ぐ人物がいます。ベンジャミン・グレアムです。1

894年生まれで、すでに故人ですが、彼は1929年の世界大恐慌の引き金となった米国株の大暴落を経験したことがきっかけで、健全な投資に関する研究を始めたと言われています。それが結実したのが『証券分析』と『賢明なる投資家』という2冊の本です。これは日本語訳もあるので、興味がある人は一度目を通すと良いでしょう。

ちょっと前置きが長くなりましたが、ベンジャミン・グレアムの言葉を紹介したいと思います。

「株式市場は、短期的には人気投票の場に過ぎないが、長期的に見れば『価値』の計測器として機能する」

わかりやすく言うと、株価とは短期的に見ると、その時々の人気によって大きく上下にブレる。人気が高まっている時は株価もどんどん上昇しますが、人気が無くなると一気に下落する。それが延々と繰り返されるわけですが、不思議なことに長期的な株価の動きをグラフにすると、利益の増え方とリンクしている。利益はその会社の価値の源ですから、株式市場は長期的に見ると価値の計測器になるということです。

論より証拠ですから、実在する会社の株価と利益を比較してみましょう。サンプルは米国のオレゴン州に本社を置くスポーツ関連商品を扱っているナイキです。皆さんもご存じですよね。

ナイキ社 利益と株価の長期推移

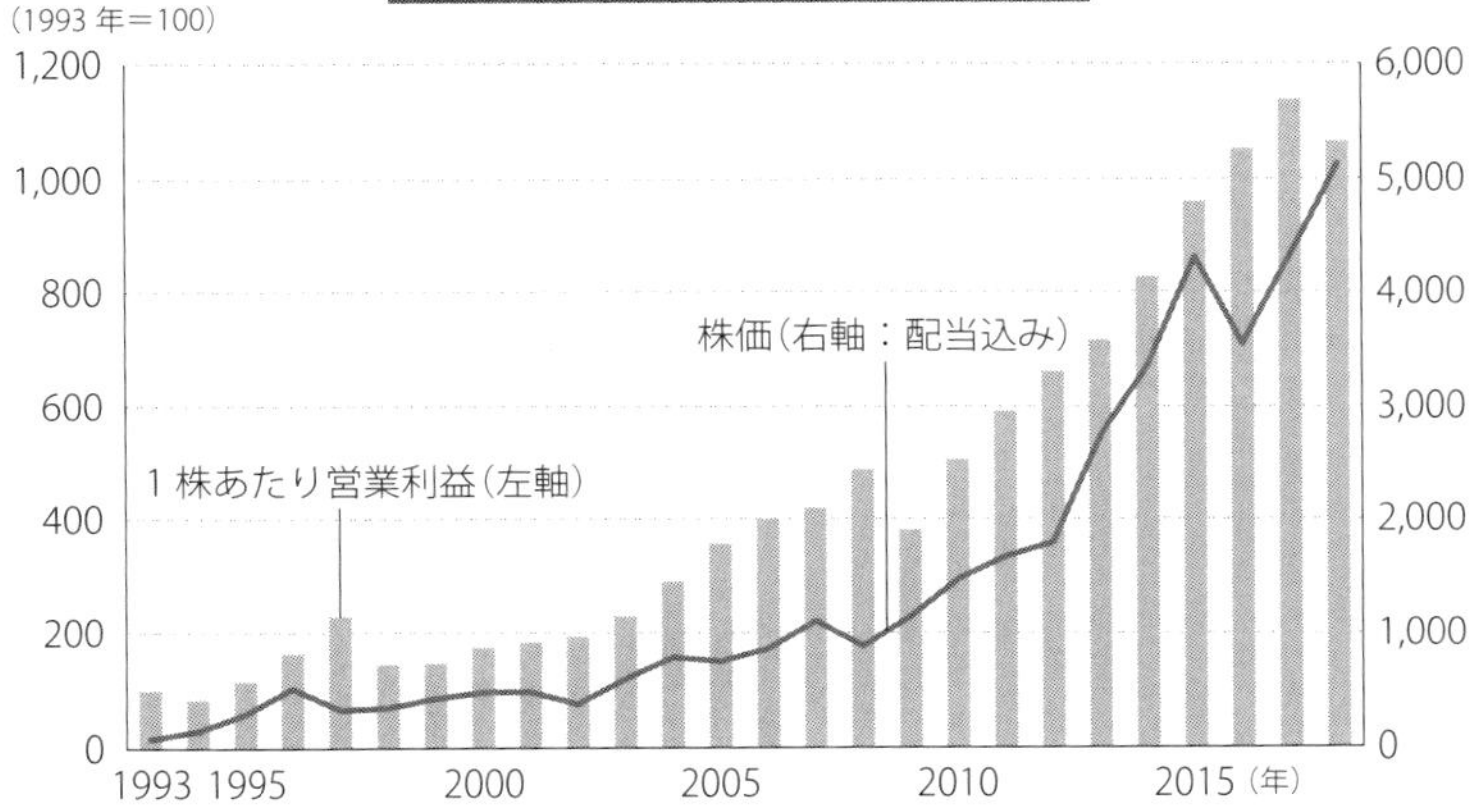

出典=Bloomberg

ナイキの1株当たり営業利益と株価を比較してみました。時間軸は1993年から2018年までの25年間です。一目瞭然ですが、とても綺麗にリンクしています。ちなみに1株当たり営業利益というのは、その会社の営業利益を発行済株式数で割ったものです。

このように言うと、「2016年も1株当たり営業利益が増えているのに、どうして株価は下がっているんだ」というような反論も来ます。ここで言いたいのは長期的な株価の動きが利益にリンクしているということであって、2016年だけの株価を捉えてうんぬんということではありません。確かに2016年の株価は、営業利益が増えているにもかかわらず下げていますが、それは25年という時間軸の中では、本当に些末《さまつ》な話です。そこは基本的に無視して、25年間の株価のトレンドを見てもらいたいと思います。そうすれば、株価と利益がほぼリンクしているのが分かると思います。

このような会社の株式に投資した場合、いちいち売り買いを繰り返すのは無駄だと思いませんか。このグラフは1993年の株価を100として指数化したものですが、2018年のそれは5000になっています。つまり1993年にナイキの株式を買い、何もせずに放置しておくだけで、25年後には50倍になったということです。もし1993年にナイキ株を100万円分購入していたら、25年間で5000万円になったのです。これがもしちょっとお金に余裕があって、300万円ほど買っていたら、なんと25年後には1億5000万円です。もう、老後の資金なんて心配する必要は一切ありません。

では、どうして日本人は株式を売ったり買ったりするのでしょうか。もちろん、そういうことを教えてもらわずに今に至っている面はあるでしょう。その意味では、やはり教育がとても大事だということになります。

でも、教育によって「利益がしっかり確保されている会社の株式に投資すれば、細かく売り買いしなくても投資成果は得られる」ことが理解される日が来たとしても、それでも日本株は細かく売り買いが繰り返される、投機的なものであり続ける恐れがあると私は考えています。

なぜなら、米国に比べて利益が増え続ける会社が圧倒的に少ないからです。利益が微増か横ばいだとしたら、根本的に企業価値は高まりません。したがって、企業価値の向上をベースにして株価が右肩上がりで上昇するという、ナイキのようなことにはならないわけです。

とはいえ、利益が横ばいだとしたら株価は全く動かないのかというと、決してそのようなことはありません。その時々の思惑によって、株価は上下動を繰り返します。ただ、利益が長期的に増えるという期待感がないと、ちょっと株価が安くなったところで買い、ちょっと高くなったら売って利益を確定させるという短期売買を繰り返す傾向が強まります。

だから日本の株式市場は、いつまで経っても長期投資が根付かないだけでなく、思惑で売り買いを繰り返す投機的なマーケットになってしまうのです。この傾向は、日本の会社の利益が、20年、30年単位で増え続けるような環境にでもならない限り、ずっと続くものと思われます。

だとすると、どうしたら日本企業は成長するのかということを、改めて考える必要があります。

戦後、日本企業は物凄いスピードで成長してきました。パナソニック、ソニー、本田技研、トヨタ自動車など、多くの日本企業が世界市場にどんどん進出して商売を大きく成長させてきました。１９６０年代から１９８０年代にかけて、日本経済は黄金期だったのは間違いありません。

ところが、バブルの崩壊を経て日本企業の成長はストップしてしまいました。その理由としては、バブル期に行った過剰な投資が仇になったからとか、資産価格が下落したからとか、多額の不良債権を抱え込んだ銀行が融資を抑えたことで中小企業の倒産が相次いだからとか、いろいろな理由が取り沙汰されますが、私に言わせればどれも的外れです。最大の理由は、多くの日本企業が発展途上国型のビジネスモデルから脱却できなかったことにあります。

発展途上国型のビジネスモデルとは、特に家電製品などは典型的ですが、大量生産によってコストを引き下げ、最終的に製品価格を安くして、世界中に売りまくるという方法です。発展途上国のように安い労働力を思う存分使えるなら、このビジネスモデルは成り立ちますが、先進国となった日本では働く人々の賃金が上昇していくため、いつまでも発展途上国型のビジネスモデルに依存するわけにはいきません。

しかも、この手のビジネスモデルは参入障壁が極めて低いので、いずれ他の発展途上国が真似をし始めます。当然、先にこのビジネスモデルで発展してきた日本は、後から来た発展途上国にマーケットを奪われていきます。白物家電はその象徴的なものです。

参入障壁が低いという点では造船も同じです。海に囲まれた日本では、古くから造船が盛んで、１９８０年代頃までは、日本企業が世界シェアの約50%を占めていました。では、今はどうでしょう。２０１８年時点の日本の造船シェア（受注ベース）は、わずか19%です。それに取って代わったのが韓国と中国で、２０１８年時点のシェアはそれぞれ45%、26%です。船を作るには巨大な設備が必要ですが、これは一定の資本力があれば克服可能で、本質的な参入障壁とはいえません。

そして、造船のような労働集約型の産業では、どうしても発展途上国が有利になります。参入障壁が低いビジネスモデルは、それだけ厳しい競争環境にさらされるため、絶対的な地位を築くのが困難なのです。

発展途上国型のビジネスモデルの企業が発展途上国の企業にとって代わられることはある意味、歴史の必然であり、日本だけではなく、アメリカの産業の歴史にもみられます。１９７０年代に急速に勃興する日本が、安い人件費とそれなりのクオリティでテレビ、冷蔵庫などの家電を市場に送り出し、80年代に入ると自動車においても、アメリカ国内のメーカーをどんどん駆逐していきました。

まさに「ジャパン・アズ・ナンバーワン」として世界中を席巻したのです。日本人はその時の成功体験に酔いしれているのか、モノづくりは日本のお家芸で「アメリカにはもうまともな製造業はないのだ」くらいに考えている人も多いかもしれませんが、それは全くの勘違いです。アメリカにもスリーエム、エマソンのような素晴らしい企業が残っています。ただし、単純な製造業として残っているわけではなく、サービスも含めた総合力で顧客の課題を解決する「先進国型のビジネスモデル」に脱皮しているのです。

いつまでも単純な「モノづくり」とその成功体験にこだわっていると歴史の渦の中に飲み込まれます。

多くの日本企業が、発展途上国型ビジネスモデルから脱することが出来ず、しかも参入障壁の低い産業だったことが、１９９０年代以降の低成長の根本的な原因であると私は見ています。

ビジネスモデルを考えるうえで一番肝心なのは、いかに自分たちのビジネスの周りに高い参入障壁を築くかという点に尽きます。そこを疎かにしたことが、日本企業が利益を伸ばし続けられなかった原因だと思います。結果、多くの日本企業の株価は、ナイキの株価のように綺麗な右肩上がりのトレンドを描くことが出来ず、上下のブレの中で、ギャンブル的なトレードが横行するようになったと考えられるのです。

投機は存在しない方が良いのか

さて、このようにお話をすると、「投機は悪者」というイメージを持たれる方も多いと思います。

でも、私が申し上げたいのは、投機が悪者ということではありません。投機は普通にあるべきですし、株式市場を通じて利益を得る方法は、人それぞれで良いと思います。長期投資が正しくて、短期の投機的売買は間違っているなどと言うつもりは全くありません。利益を得る方法は自由に選択されるべきです。

私たちのように、長期的なスタンスで事業に投資する投資家にとって、短期的に売買を繰り返す投機家がどういう存在なのか、ここで申し上げておきましょう。

よく「短期のトレーダーはノイズだから、邪魔な存在だ」という声も聞きますが、私は決してそうではないと思っています。むしろ、彼らのような存在があるからこそ、私たちは利益を最大化できるチャンスに恵まれているのです。

投機は「ゼロサムゲーム」です。英語にすると「zero-sum game」ですね。sum は関数をちょっといじっている人ならピンと来ると思いますが、「和」のことです。つまりゼロサムとは「ゼロ和」のことで、そのゲームに参加しているプレイヤーの損得を合計するとゼロになるようなゲームのことです。

たとえば外国為替市場は、二国間の通貨を売買する市場なので、両方の価値が同時に上がることはありません。ドル高の裏側には円安があり、ドル安の裏側には円高があります。

もちろん、株式市場の場合は全体的に価値が上がることも考えられますが、それは長期的に投資した場合の話です。前にも触れたように、株価は長期的に見れば、その会社の価値を反映して値上がりしますが、短期的には市場に参加している人の間で、株価という「価格」をやりとりしているだけに過ぎません。結果、売った側の利益が買った側の損失になるゼロサムゲームが成立します。

ゼロサムゲームで常に勝ち続けることは出来ません。なぜなら勝率は五分五分だからです。ただ、それでも良いと考える投機家が大勢いるので、株価にはボラティリティ、つまり値動きが生まれてきます。このボラティリティの存在が、私たちのような投資家にとっては、とてもありがたいのです。

彼らは株価の値動きをつくってくれています。しかも彼らは、企業価値を合理的に算出するのではなく、思惑によって売り買いをするため、時に行き過ぎることがあります。ちょっとした買い材料が出ると、一気にその株式を買いたいという人が現れて、我も我もという状態になります。たとえばコロナウイルスの問題が浮上した時、マスクを製造している会社の株価が、あっという間に何倍にも跳ね上がったことなどは、その典型的なケースです。こうした材料で瞬間的に買われた会社の株式は、株価が合理的な企業価値から大きく上方に乖離《かいり》します。

またそれとは逆に市場全体が悲観に支配されることによって、合理的な企業価値に対して大きく売り込まれるケースもあります。

いずれにしても、投機家の売り買いによって、株価は企業の合理的な価値から大きく上下に乖離するケースが、株式市場ではよくあります。そしてこれが、私たちのように合理的な企業価値を見極めて投資行動を取る投資家にとっては、大きな収益チャンスにつながります。

株価が合理的な株価よりも大きく値下がりした場合、これについて「悲観は友達」であると、ウォーレン・バフェットは言っています。株式を保有している人たちは、株価の下落を「リスク」と捉えます。でも、これから買う側からすれば、合理的に計算された価値に対して、株価が大きく下がれば、その分だけ割安に投資できるわけですから、リスクが大きくなったのではなく、むしろリスクが小さくなったと捉えることも出来るのです。

リーマンショックや東日本大震災の時には、株価は総崩れしました。そして時間をかけて回復していきました。私たちにはそのときの経験があるので、今回のコロナショックでも動じることはないばかりか、むしろチャンスと捉えています。

株式は持続的に利益を生み出す投資対象

ところで、お金を殖やそうとした場合、皆さんはどのようなツールを使おうと考えますか。

私はもっぱら株式への長期投資ですが、お金を殖やす手段は他にもたくさんあります。ざっと挙げると債券、外国為替証拠金取引（FX）、コモディティ、不動産といったところでしょうか。

四時限目の冒頭でも言いましたが、投資と投機の違いを農地にたとえた場合、投資は農地が生み出す農作物で収益を得ますが、投機は農地の値上がり益を収益にします。つまり収益の源泉が値動きだけなのが投機であるとするならば、FXとコモディティは完全な投機の対象ということになります。

外国為替証拠金取引は、簡単に言えば外国為替レートの値動きで収益を得るという仕組みです。1ドル＝110円でドルを買い、1ドル＝115円までドル高・円安が進めば、1ドルにつき5円の利益になるというように、外国為替レートの値動きが収益源になります。しかし通貨は単に交換レートの差であって、インカムを得るような投資先ではありません。したがって、外国為替証拠金取引は投資ではなく、投機に分類されます。

次にコモディティです。これは金やプラチナなどの貴金属、石油などのエネルギー、アルミやゴムなどの工業品、豚肉や大豆などの食料品といったモノの値動きで収益を得るものですが、これも対象物そのものが利益を生み出すのではなく、あくまでも対象物の値動きから収益を得ます。たとえば金を保有していたとしても、金が新たな金を生み出すことはありません。それは他のコモディティにも言えることです。したがって、コモディティも投機対象ということになります。

さて、ここでいささか微妙な存在なのが不動産です。不動産の場合、土地だけを対象にすると、収益源は地価の値動きによる売買益のみになりますが、土地の上にマンションなどの建物を建てれば、そこから家賃収入を得ることが出来ます。REITという「不動産投資信託」も、ファンドに組み入れられているオフィスビル、商業施設、倉庫、賃貸住宅、ホテルといった投資物件から家賃収入を得て、それを年2回分配される分配金の原資にしていますから、不動産事業として土地を利活用することで、収益を生む投資対象にすることが出来ます。

ただし不動産の場合、土地の利活用によって生み出される収益には、自ずと上限があります。家賃を毎年引き上げることは無理だからです。どこまでも高くなるビルを建てることが出来るなら収益を無限大に積み上げることは出来ますが、それも物理的に不可能です。

ということで、確かに不動産はその不動産に建物を建てることによって収益を生み出すことは出来ますが、その収益を持続的に増やすことは出来ません。そこが不動産投資の限界点と言っても良いでしょう。

そして最後に株式ですが、ここまで何度も申し上げてきたように、株式は利益をしっかり生み続ける事業に資金を投じれば投資です。しかも、企業が事業から得る利益は持続的に増えていく可能性があります。

たとえばナイキのスポーツシューズであれば、これから世界の人口はまだまだ増えますから、マーケットはどんどん大きくなるでしょう。さまざまなモーターやセンサーを製造している日本電産も、製品の用途をパソコンだけでなく自動車やロボットにも広げていくことが出来ます。未来を見据えれば、さらに多くの用途が生まれてくる可能性があります。こうして日本電産のモーターやセンサーの用途が広がれば広がるほど、利益は持続的に増えていくというわけです。

このような企業に投資をすることは、あたかも毎年実りをもたらす土地を手に入れたようなものです。売るのはもったいないのです。

したがって、お金を殖やすための対象はいろいろありますが、私は株式への投資が最も理に適っていると思います。

営業利益は課題解決の対価

投資としての株式を考えた場合、私は「会社の利益」に対して常にピュアでありたいと考えています。株式投資において一番大事なのは会社の利益であり、その利益を守り増やしていくための参入障壁がどれだけ高いのかということを、常に考えています。だから、「自分の応援したい会社に投資する」と言う人がいますけれど、これは私に言わせれば全く意味不明です。もちろん、利益が増えていく会社を応援するという意味であれば、そういう会社の株式に投資するのは正しいことですが、単に応援したいというだけでは、投資するうえで根拠が不十分です。

「頑張れー！」と声援を投げかけるだけでその会社の利益が増えるのであれば、私も一所懸命に応援しますが、それは絶対にありえないことです。大事なことは、儲かる仕組みがあって、その仕組みを他社に崩されることのない参入障壁を持っているかどうかという点に尽きるのです。その意味で、私は会社の利益に対して非常にピュアです。本音を言うと、そこに「応援する」という綺麗ごとを並べ立てるのは、むしろ株式投資をするうえで不純であるとさえ思っています。

同じスポーツシューズメーカーを比べた時、心情的には同じ日本ということもあってアシックスを応援したい気持ちはありますが、実際に投資するかと言われると、しません。スポーツシューズメーカーに投資するなら、圧倒的な競争優位を持っているナイキの株式に投資します。

このように「利益、利益」と利益のことばかり言っていると、「奥野ってヤツは金の亡者なのか」とおっしゃる人もいるかも知れませんが、皆さん、利益とは何のことなのかを真剣に考えたことがありますか。

「売上から各種コストを差し引いた残りのこと」。

恐らく簿記3級くらいを持っている人なら、この程度のことは言えると思います。正確には売上高から「売上原価」と「販売費および一般管理費」というコストを差し引いた残りが営業利益になります。営業利益という費目は財務諸表の損益計算書に記載されているもので、その会社の本業によって稼いだ利益を指しています。

とまあ、この程度のことは答えられるでしょう。

でも、私が考える利益の定義は、もう少し奥深い。何かというと、「お客さんにとっての課題を発見し、その課題を解決することで得られる対価」だと思っています。

利益が上がり続けるのは、人々が抱えている課題をどんどん発見し、解決しているからであって、「儲けすぎ」という批判とは全く違う話だと考えています。どうしても日本人は、儲かっている人、企業に対して、ある種のやっかみもあるのか、批判しがちですが、世の中の人々が抱えている問題を解決しているのだから、批判される謂《いわ》れはどこにもありません。

実はこの営業利益については、日米で行われた面白いアンケート調査があります。

ある製品を1個、製造するのにかかったコストが50ドルでした。これに対して、この製品を購入した顧客は1000ドルの追加的な価値を享受できることがわかっています。

さて、あなただったら、この原価50ドルの製品を顧客に販売するにあたって、値段をいくらに設定しますか。

この問いに対して、欧米の経営者から返ってきた答えで最も多かったのは「500ドル」でした。顧客にとって1000ドルの付加的な価値を提供したのだから、それを折半しようという考え方ですね。そしてこの場合、原価50ドルの製品を500ドルで販売しますから、450ドルの利益になります。それでも、顧客は1000ドルの効果が得られるのですから、顧客にとってもお値打ち感があると考えられます。

ところが、同じ問い掛けを日本人経営者にすると、「100ドルで売ればいいじゃん」という話になってしまいます。確かに100ドルで売っても50ドルの利益は残ります。恐らく1000ドルの効果が得られる顧客からすれば、物凄いお得感だと思います。

さて、欧米の経営者と日本人経営者のどちらが正しいことをしているのでしょうか。

正直なところ、日本人経営者のデフレ慣れも相当なものだと思ってしまいますが、大方の日本人は、「やっぱり日本人は強欲ではなく、清貧の思想を大切にしている」などと

「オーナー」になることの意義

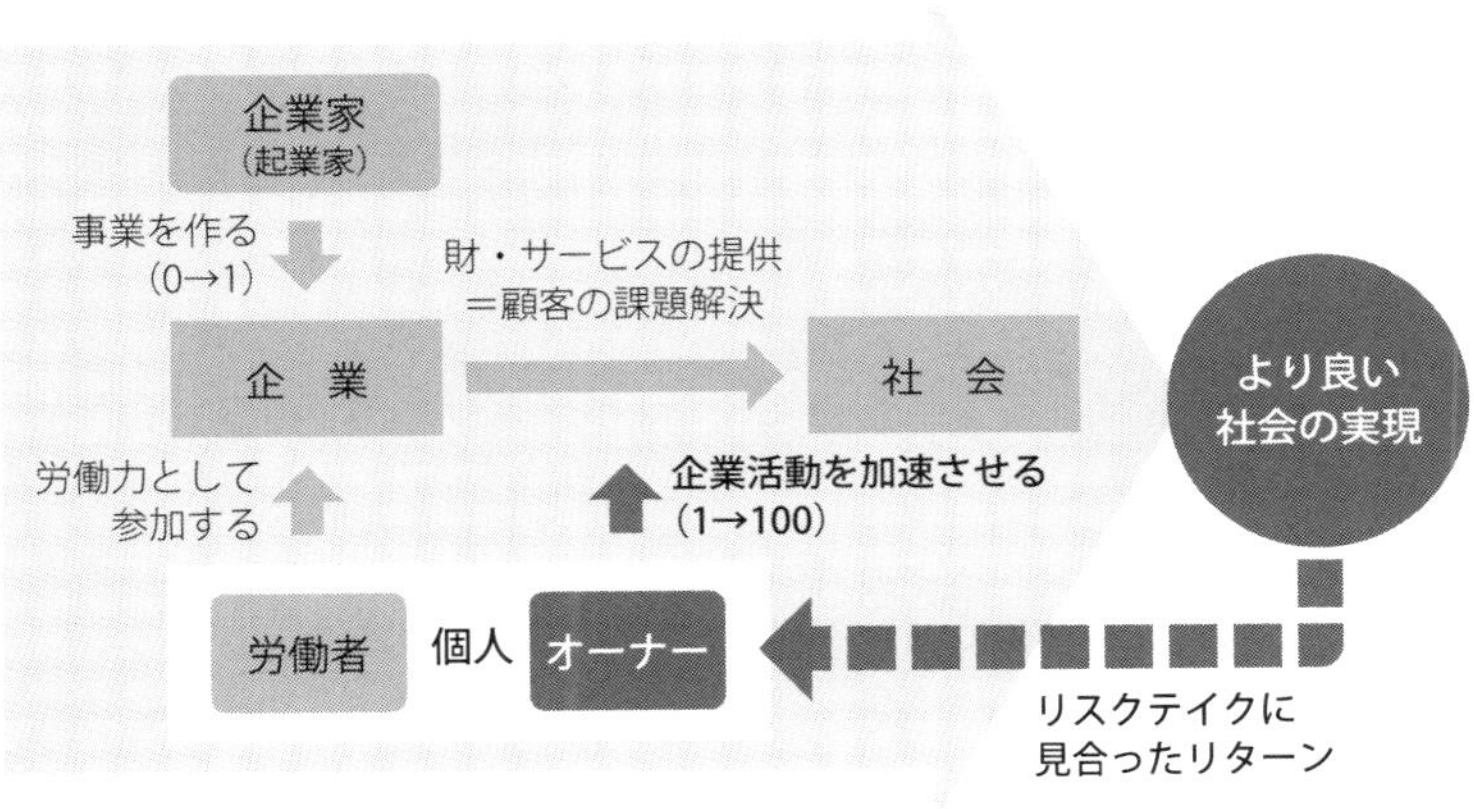

ポジティブに受け止めると思います。
　でも、これはおかしいのですよ。50ドルの原価で作った製品だから１００ドルでいいだろう、という日本人経営者の発想は、顧客を全く見ていない考え方です。この製品は顧客に対して１０００ドル分の課題解決を提供しているのですから、それに見合った対価を受け取るべきなのです。このスタンスこそ顧客にとっての価値を真剣に考える真の「顧客本位」のあり方なのだろうと思います。
　そして、多くの人々が抱えている課題・問題を解決するということは、ちょっとずつかも知れませんが、社会全体が良くなっていることでもあります。投資家は、そういう会社を見つけてその株式に投資するわけですから、投資家の行動も社会全体をほんの少し良くすることに貢献していると考えることも出来ます。

ライト兄弟が世界で初めて有人動力飛行に成功したのは、現在は米国海軍空母の名前にもなっている「キティホーク」という町でしたが、その場所には資本家、投資家が一緒にいたに違いありません。資本家や投資家が、ライト兄弟によって生み出された技術に興味を持ち、この技術は必ず世界を変える、世の中を良くすると考えて資金を投じたからこそ、いまでは世界中の空を飛行機が飛び、人々が自由に世界を行き来できるのです。

経営者、起業家はゼロから1を作り出す人たちです。これに対して投資家は、1を100にする性質を持っています。もちろんゼロから1を生み出した経営者、起業家がいなければ、全く話にならないのは言うまでもありません。

そのうえで、1から100を効率的に広げていくのが、資本主義の仕組みなのです。飛行機を開発するのはライト兄弟の仕事ですが、航空網を世界中に広げていくことは投資家の力なくして出来ません。投資家になるということは、1を100にする資本主義の仕組みに貢献することなのです。

《5時限目》

売らない株を買えばいい

売らなくていい会社しか買わない

農林中金バリューインベストメンツ株式会社の原型は、私が２００７年に立ち上げた農林中央金庫株式投資部アルファ株式投資班で、「長期厳選型自己運用ファンド」の運用をスタートさせたところから始まりました。その名の通り、このファンドは農林中央金庫の自己資金を運用するのが目的です。

このファンドの運用がスタートして、かれこれ14年という歳月が経過しましたが、この間、私たちは「売らなくていい会社しか買わない」という強い想いで、投資するべき会社を発掘してきました。

「本当にそんな投資の仕方があるのか?」と日本人投資家の大半は思うでしょう。確かに、日本国内で運用されている投資信託で、私たちと同じ考えで運用しているところは皆無に等しいと思います。そのくらい私たちは少数派です。でも世界に目を向けると、同じように投資先企業の株式を長期間、持ち続けている投資家は大勢います。

私が手本としているウォーレン・バフェットは、コカ・コーラの株式をずっと保有し続けています。投資し始めたのが１９８８年ですから、かれこれ32年間も持ち続けていることになります。そしてこの間に、コカ・コーラの株価は20倍にもなりました。

もの凄いハイテク技術を持った企業ではなく、こう言っては何ですが、変な色をした清涼飲料水のメーカーのどこに、バフェットが長期間その会社の株式を保有し続ける魅力があったのか、疑問に思う人もいるでしょう。

ちなみにバフェットはチェリー・コークが大好きで、毎日欠かさず飲んでいるとか。それもハンバーガーのようなジャンクフードを食べながら（笑）。１日で５本のコークを飲むというのですから、糖尿病なんてどこ吹く風ですね。それで現在90歳になろうとしているのですから、健康に留意した食生活というものがいかに根拠に乏しいか、という気になってきます。

それはともかくとして、バフェットがコカ・コーラに目を付けたのは、この会社のビジネスが将来、確実に大きく伸びると思ったからです。その根拠は世界的な人口増加でした。

ざっくりした数字で言うと、１９８７年の世界人口は50億人でした。それが１９９８年に60億人になり、２０１５年には73億人ですから、急激に増えているのが分かります。

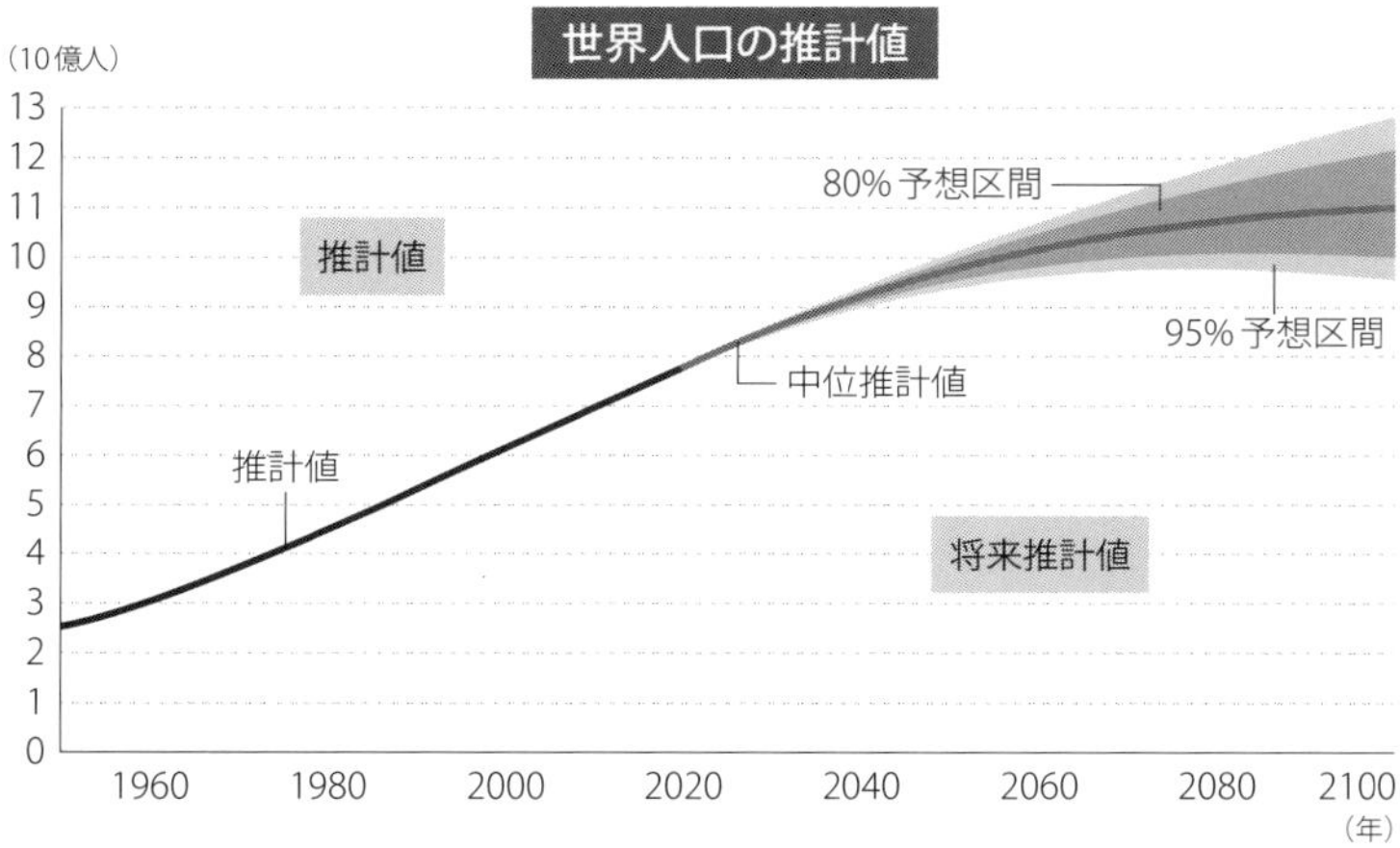

「世界人口推計2019年版」

将来推計では、2050年に97億人、2100年に110億人になるという見通しがあります。

日本にいると、あるいは日本国内のことしか見ていないと、どこもかしこも人手不足と言われているので、むしろ人口が減少しているという印象を受けます。しかし、世界に目を向けると、人口は今後、爆発的に増えていくことは自明の事実です。

しかも、中国をはじめとして新興国の経済発展にともなって、特に中産階級の人口が大きく増えていく見通しです。コカ・コーラのような清涼飲料水は、中産階級人口が増えることによって需要が高まります。つまり中産階級になれば、コカ・コーラが飲める程度にお金の余裕が出てくるということです。その中産階級人口が、世界の総人口よりも速いペースで増えると予測されているので、コカ・コーラの市場はこれからさらに拡大していくと考えられるのです。

「そんなことを言っても、清涼飲料水のメーカーなんてたくさんあるから競争が激しいのでは？」と思う人もいるでしょう。それも、日本しか見ていないからです。確かに日本では、たくさんの飲料メーカーが炭酸飲料をつくっていますが、海外に行くとコカ・コーラとペプシ・コーラがほとんど寡占していて、他に炭酸飲料があったとしても、せいぜいドクターペッパーが少々、というのが現実です。

これが何を意味しているのかというと、今更、コカ・コーラの向こうを張って炭酸飲料の市場に参入しようとしたら、生産設備と販売網構築への投資、加えてブランド構築のための広告宣伝費等が莫大にかかるということです。コカ・コーラの牙城を崩すにはあまりにも莫大な資金が必要で、まるで商売にならないということです。まさにコカ・コーラは完ぺきなまでに参入障壁を築き上げた会社といっても良いでしょう。

これだけ高い参入障壁があると、たかだか炭酸入りの砂糖水でも、新規参入者はほぼ現れません。世界人口は２１００年までを見通しても、まだまだ増えていきますから、コカ・コーラの利益はこれからも長期的に増えていくという蓋然《がいぜん》性を持つことが出来ます。

長期的に株価は利益に連動しますから、人口増加によって利益が増え続けるとしたら、株価も長期的に上昇していくと考えられます。だからウォーレン・バフェットは、コカ・コーラの株式を持ち続けられるのです。

強靭な構造を持つ会社を選ぶ

では、どうしたら売らずに済む会社を見つけることが出来るのでしょうか。私は常々、「構造的に強靭な企業®」に投資しましょうと言っています。

強靭な構造とは、3つの要素に支えられています。「高い付加価値」、「高い参入障壁」、「長期潮流」です。この3つの要素を持っている会社は、構造的に極めて強靭であり、この3つの要素が弱まらない限り、その株式を保有し続けられると考えて良いでしょう。

それぞれどういうことなのかを、皆さんもよくご存じのウォルト・ディズニーを例にとって具体的に説明していきます。

まず高い付加価値とは、「本当に世の中にとって必要か？」ということです。必要性

「構造的に強靭な企業」の条件

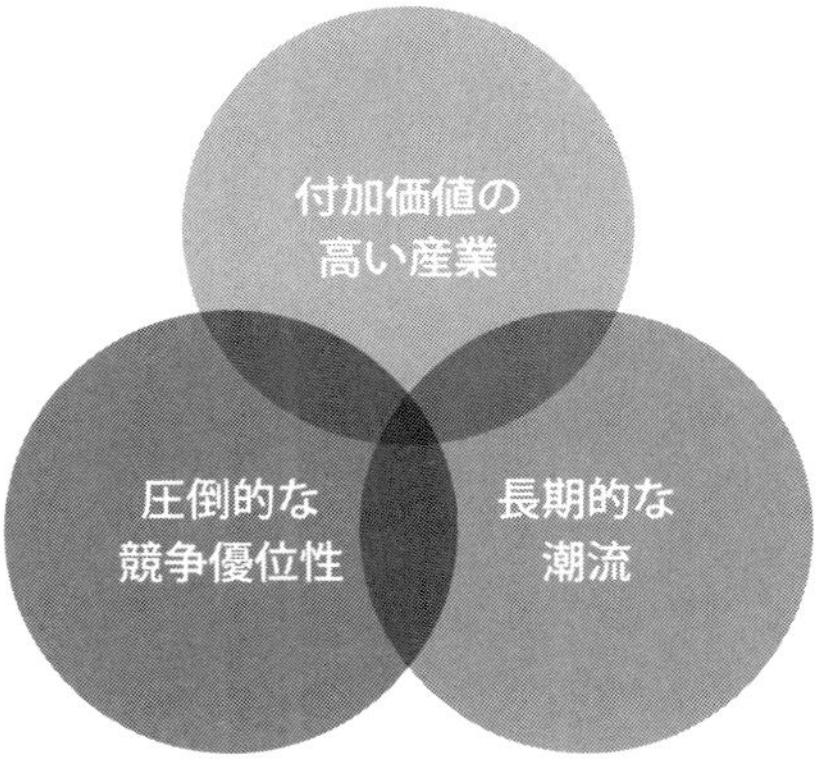

「構造的に強靭な企業」はNVICの登録商標です。

が高ければ高いほど良い。言い換えると、会社の存在意義です。その会社が存在する意義はどこにあるのかということを、見極める必要があります。

ディズニーと聞くと、皆さんミッキーマウスやディズニーランドを思い浮かべると思いますが、実はそれだけではありません。映画「トイ・ストーリー」などで知られるＰＩＸＥＲ、近年大ヒットした「アベンジャーズ」シリーズのマーベルや、世界中に数十年来のファンがいる「スターウォーズ」もディズニーが保有するコンテンツです。

ディズニーが存在しない世界を想像してみてください。ディズニーランドはもちろん、映画館だって成り立ちません。デートでどこへ行けばいいか分かりませんよね。

実は私も最近ディズニーのありがたさを実感しました。先日、私の部下に子供が生まれ、何か子供向けの贈り物をしたいと思ったのですが、何を贈れば喜んでもらえるかわかりません。でも、恐らくディズニーキャラクターであれば、ママも子供も気に入ってくれるのではないかと考え、「くまのプーさん」のベビーウェアを贈りました。

このように、ディズニーは単に遊園地や映画を提供しているわけではなく、彼女や子供など、「大切な人に喜んでもらいたい」という消費者の課題を解決しているのです。だからこそ、人はディズニーランドで一日過ごすことに、一万数千円という安くはない金額を喜んで支払うのです。

次に「高い参入障壁」です。これは先ほどのコカ・コーラのように「今更その人たちの向こうを張って勝負しようだなんて、誰も思わないほど圧倒的に強いか?」ということです。

誰が、今更ネズミのキャラクターを作って、世界中のTシャツや文房具やクレジットカードに描かれたミッキーマウスを、一つ一つ塗り替えていこうと思うでしょうか?ディズニー以外の誰かが、今更、「シンデレラ」や「美女と野獣」などの誰でも知っているありふれた童話を原作に映画を作っても、世界中の映画館で上映されるなんてことにはならないわけです。

ディズニーは、数十年の時間と莫大な費用をかけて、これらのコンテンツに投資をし、育ててきました。だからこそ、今のエンターテイメント産業における圧倒的な地位がありますし、そのコンテンツを映画、テレビ、テーマパーク、おもちゃなどのグッズ、ライセンス提供など、あらゆる媒体を通じて何度も繰り返し収益化することができるのです。

もちろん、毎年ヒット映画は生まれていますが、その中で、数十年にわたって人々に愛され、何度も繰り返し消費されるコンテンツはどれだけあるでしょうか？　ディズニーは全く違う次元でゲームをしているのです。

最後に「長期潮流」です。後で詳しく述べますが、これは「今これが増えている」とか、「来年は何が流行りそう」といった中短期的なブームや予想とは全く違います。もっと普遍的で、不可逆的なものです。

最もわかりやすいものでいうと「人口動態」。先に見たように、30年前に50億人だった人口が現在70億人になり、90億人、１００億人と増えていきます。これは未来の話ではありますが、予想ではなく、ある意味「事実」です。

人口が増える中で、ディズニーランドに行ったり、ディズニーの映画を見たりする人は確実に増えていくのです。

これらの3つの条件を満たす「構造的に強靭な企業®」であれば、長期的に利益を稼ぎ、増やし続けることができると考えています。

もちろん、例えばコロナウイルスの影響で、一時的に映画事業やテーマパーク事業の収益が落ち込むことはあり得ます。でも、人類が滅びるわけではありません。状況が収束すれば、人はまた、ディズニーランドに殺到するのです。

それは本当に必要か？

付加価値が高いかどうかは、その製品やサービスが、人々にとって必要なものかどうかで決まると述べました。注意しなければいけないのは、それが時代とともに変化するケースがあるということです。

たとえば家電。きっと60年前であれば、家電メーカーの存在意義は非常に高かったと思います。60年前といえば１９６０年代です。この頃の日本は、高度経済成長のど真ん中です。１９６０年には池田内閣のもと、「国民所得倍増計画」が打ち出されました。

これは１９６１年からの10年間で、実質国民総生産を倍増させることを目標に掲げた計画で、実際にそれ以上の成果を挙げました。

国民生活が豊かになれば、人間は快適な生活を求めるようになります。ちなみに日本の高度経済成長は１９５５年から始まったのですが、この時期「三種の神器」と喧伝されたのが、白黒テレビ、洗濯機、冷蔵庫でした。確かに当時は、家電メーカーの存在意義があったのです。そのうえ、日本の家電製品は海外市場でもたくさん売れました。

しかし今はどうでしょうか。少なくとも海外市場においては、もはや日本の家電メーカーがシェアを大きく伸ばしていく状況ではありません。世界の家電マーケットは韓国、台湾、中国の製品に席捲されており、日本製家電製品は付加価値を失っています。アジア諸国の方が人件費が圧倒的に安く、同じ品質でも低価格で売ることが出来るからです。その証拠に、日本の家電メーカーの利益はほとんど伸びていません。これは鉄鋼業界も同じです。

そして、ゆくゆくは自動車産業もそうなりかねない状況です。世界中の自家用車の稼働率がどの程度か知っていますか？　自分たちが毎日どのくらい自動車を使っているかを考えれば、おおよそ察しがつくでしょう。何と、稼働率はたったの５％です。つまり95％は駐車場に停められているのです。そうなると日々動いていない95％を動かせば、これ以上自動車を生産する必要はないという考えに思い至ります。だから、カーシェアリングが注目されているのです。当然、そうなれば自動車メーカーは一気に付加価値を失うはずです。

でも、自動車にも例外はあります。フェラーリやランボルギーニといった「超」が3つくらい付くような高級車を製造しているメーカーは、これまでと変わらない付加価値を維持できる可能性があります。何しろお金持ちを相手にした商売ですし、お金持ちの一定層は、車としての機能以上にステータスとしてこの手の車を欲しがりますから、付加価値があるという話になるのです。

次に参入障壁とからめて考えてみましょう。高い付加価値を持っていて、かつ高い参入障壁を持ち合わせているのが最強のパターンですが、なかには高い参入障壁を築いているにもかかわらず、付加価値がない会社もあります。この手の会社への投資は、熟考する必要があります。

タバコ会社などはその典型的なケースです。特に先進国においては、タバコは健康を害するという理由で禁煙ムードが広まっています。そのようなマーケットに新規参入しようと考える起業家は、恐らく皆無に近いでしょう。30年先、50年先を見ても競争相手は出て来ないのではないか、とさえ思えてきます。その意味では、タバコ産業の参入障壁は非常に高いと考えられます。

では、付加価値の観点ではどうでしょうか。確かに、タバコは愛好者にとってはいくら値上げされても買いたいと思う必須財であり、現にタバコのリスクは昔から知られてきたものの、タバコ会社への投資が高いリターンを生んできた歴史もあります。しかし、いまやタバコを吸える場所自体がどんどん無くなっていますから、ますますマーケットは縮小していくでしょう。タバコ会社は業態を思い切って変更しない限り、少なくとも現状のままでは生き残るのが極めて困難になります。やはり、人の健康を確実に害すると言われているタバコという財に、付加価値が存在し続けると考えることは難しそうです。

誤解しやすい「長期潮流」

高い付加価値がある会社が、高い参入障壁を築くことによってしっかり自分たちが得る利益をプロテクトできると、利益を確保しやすくなります。そして、この2点が揃った時点で、初めて長期潮流が持つ意味が生きてきます。強いビジネスが長期潮流に乗った時に、営業利益がずっと出続けるのです。

ただ、これは非常に重要な論点なので、しっかり皆さんも整理して考えて欲しいのですが、長期潮流とは、高い付加価値と高い参入障壁によって獲得された利益を、増幅させるものです。つまり長期潮流があったとしても、付加価値や参入障壁が無かったら、長期的に利益を獲得し続けることは出来ません。

たとえば太陽光発電。再生可能エネルギーに関連したビジネスは、大勢の人たちが必要としている点で付加価値がありますし、化石燃料や核を用いたエネルギー源から、より安全でクリーンな再生可能エネルギーに切り替えていくのは、世界各国の中長期的エネルギー政策の中核ですから、何となく長期潮流も満たしているように見えます。

しかし、問題は参入障壁がほとんどないことです。日光さえあればどこでも発電できますし、技術的にも難しくありません。参入障壁が無ければ、そこに参加している会社はどんどん増え、利益の奪い合いが行われます。そのなかで利益を勝ち取る会社もありますが、大半の会社は赤字に転落します。それでも、「このビジネス分野は長期潮流があるから、何とかここを乗り越えれば」といった期待感でビジネスを続けていると、赤字がどんどん増幅されてしまいます。

では、何をもって「長期潮流」というのでしょうか。これも誤解されやすいポイントです。

よく株式市場では「これは長期的な投資テーマだ」などと言われて、環境関連やヘルスケア関連、ＡＩ関連などいろいろな投資テーマが取り沙汰されます。このように株式市場で「長期的な投資テーマ」と言われるものが長期潮流たりえるのか、ということを考えると、これは恐らく違うと思います。

株式市場でその時々に取り上げられる投資テーマは、いくら「長期的な投資テーマ」と言われていても、単なるファッションに過ぎないだろうと思うのです。ある程度のスパンで予想される社会の変化かも知れないけれども、不可逆的に世の中の構造を大きく変えるだけのインパクトがあるのかどうかを問い直すと、決してそうだとは言い切れない部分もある、ということです。

では、本物の長期潮流とは何か？　これは「不可逆的であると言い切れるもの」だと思っています。不可逆、つまり元には戻れないものということですね。

たとえば人口動態はその典型例です。少なくとも２１００年までの人口推計を見る限り、世界中の人口が増加していくのは間違いありません。

あるいは古今東西を問わず、人々にある絶対的な長期潮流としては、「長生きしたい」

という欲求があります。生まれた瞬間から「死にたい」と思っている人はいません。太古からの歴史をたどっても、人は必ず長生きしたいと思っています。人間である以上、それは普遍的な欲求です。人口が増加するということは、健康への需要が増加するということです。

もうひとつ、思いつくままに申し上げますが、「国家財政は悪化する」というのも長期潮流のひとつでしょう。民主主義国家であればなおさらです。世界中が日本の財政悪化を批判しますが、民主主義国家である以上、米国もドイツも、イギリスも、フランスも、皆いつかは国家財政が悪化します。

特に昨今は皆、どんどん長生きになってきていますから、医療費をはじめとする社会保障負担がどんどん重くなっています。しかも民主主義国家では、年金の既得権益者である高齢者が票を握っていますから、どれだけ国家財政が悪化したとしても、既得権益者は自分が持っている既得権を絶対に手放そうとはしません。だから、国家財政は民主主義国家である以上、どの国も等しく、いつかは必ず悪化するのです。よって、国家財政が悪化するというのも長期潮流であると考えられるのです。

そして、「長生きしたい」という長期潮流と、「国家財政は悪化する」という長期潮流を掛け合わせた時、また別の長期潮流が生まれます。

それは、カテーテル治療や内視鏡治療などの「低侵襲《ていしんしゅう》医療」です。

もし、カテーテルが無かったら、心臓に病気が見つかった時、開胸手術をしなければなりません。開胸手術は時間がかかるだけでなく、患者の身体にも重い負担になります。当然、手術をしたら2週間くらいの入院生活を余儀なくされます。その分、国の医療費も出ていくことになりますから、高齢化によってこの手の患者が増えるほど、国家財政が圧迫されていきます。

もしカテーテル治療で開胸手術をせずに済めば、カテーテル治療をした2、3日後には退院できますし、それだけ患者さんの身体的負担も軽くて済みます。結果的に出ていく医療費も少なくなるので、国家財政の面でも低侵襲医療の普及は非常に有益ということになります。

このように「長生きしたい」と「国家財政は悪化する」という2つの長期潮流をかけあわせることで、低侵襲医療という別の長期潮流が生まれます。

こうして長期潮流が導き出せたら、あとはどの会社に投資するかを考えるわけですが、恐らく多くの人はここで「カテーテルを作っている会社ってどこだっけ」と探し始めるでしょう。でも、カテーテルを作っている会社がどこも儲かっているかというと、決してそんなことはありません。何よりも大事なのは、高い参入障壁を築けているかどうかです。つまり高い参入障壁を持ってカテーテルを作っている会社こそが、長期潮流に乗れるという話になるのです。

参入障壁は色褪せやすい

「参入障壁」という言葉を耳にタコ状態になるくらいしつこく繰り返していますが、強靭な構造を持った会社に投資しようと思ったら、ここは絶対に外せない大事なポイントです。

参入障壁はニュートンの「万有引力の法則」ではないけれども、何もせずに放っておくと必ず落ちます。落ちそうになっているのを、いかにして再び活性化させるかが、参入障壁を築き上げていくうえで重要になっていきます。

ではどうすれば良いのか？　もちろん経営力もありますが、やはり一番大事なのは投資です。いや、「経営力＝投資」と言った方が良いでしょうか。参入障壁を築くうえで必要な投資を行うための経営判断力が問われてきます。

たとえば自社の参入障壁を維持するために、競合の会社を買収するなんてことは、その典型的なケースです。買収だって立派な投資です。その他に研究開発投資や設備投資、人材投資などあらゆる投資の方法を用いて、参入障壁を維持しようとします。

今、申し上げた企業買収や研究開発投資、設備投資、人材投資など会社として行っている投資活動は、すべて参入障壁を高くするために行われるべきものと考えておくべきです。ここで変な勘違いをすると、某ステーキチェーンのようなことになります。

そもそも、ステーキハウスそのものは、何の参入障壁もないわけですよ。誰だって新規参入できます。外食産業はどこもそうで、最初のアイデア一発でバーッと店舗を拡大して売上を伸ばし、中期的な利益を大きく膨らませて上場まで持っていく。基本、そこで終わりです。いわゆる「上場ゴール」ですね。上場したところがその会社のゴールで、あとは惰性で進んでいるだけ。最初にアイデアを考えた人は先行者利得が得られるわけですが、それは決して参入障壁ではありません。いくら多額の先行者利得を得たとしても、そのビジネスがおいしいということに気づいたら、必ず後発が入ってきます。そうなると、あとは価格の引き下げ競争が始まり、レッドオーシャンになって終わりです。

別に参入障壁という概念は難しいものではありません。大学院にいかなければわからないようなものでもありません。少しの好奇心をもって街を歩いているだけで気付くものなのです。街を歩いていると、居酒屋の看板が次々に変わっていることに気づきます。そんなところに参入障壁があるわけがないということです。

ちょっと話が逸れましたが、だからこそ某ステーキチェーンは、自分のビジネスには参入障壁がないということを理解したうえで、事業拡大の投資を行うべきだったのです。そこを理解していなかったから、中途半端な多店舗展開を行った挙句、売上が頭打ちになって苦しんでいるのです。

ただこれは、某ステーキチェーンをはじめとする外食産業に限った話ではなく、基本的にどのビジネスにも参入障壁を築くことは容易ではありません。どうやったら参入障壁を築けるのかを必死に考え、どの会社を買収すれば良いのか、どのような人を入れて戦力にすれば良いのかをひたすら経営者は考えるのです。先ほど、「経営力＝投資」と言ったのは、こういうことなのです。

ここ数年、米国のＧＡＦＡが話題になっていました。ＧＡＦＡとはGoogle, Amazon, Facebook, Appleという、米国を代表するＩＴプラットフォーマーのことで、まさに我が世の春を謳歌しているわけですが、これだって参入障壁という観点から厳密に見れば、それがあるところとないところに分かれます。

たとえばグーグル。ここはもう立派に参入障壁を築いています。あのグーグルの向こうを張って、同じように検索エンジンを1から作り上げて、グーグルとの競争に勝てるなどと考える人は、まずいないでしょう。

対して、GAFAのなかで最も参入障壁が低いビジネスを行っているのがフェイスブックだと思います。基本的にSNSは参入障壁が全くないビジネスです。その証拠に、日本にミクシィというSNSがありましたが、フェイスブックが普及した途端、簡単に駆逐されました。

一部では、「フェイスブックにはネットワークエフェクトがあるので、それが最大の参入障壁だ」という意見もあります。

ネットワークエフェクト、これは使う人が増えるほど便益が増えて、ネットワークの価値が高まる効果のことです。昔の電話がそうで、加入者が少ないと使うメリットがあまりありませんが、加入者が増えるほどいろいろな人と電話で連絡が取れるようになり、利用者の便益が高まっていきます。そして最後には、そのネットワークに入っていないと不便さを感じるようになり、一定の閾値に達したところで一気に加入者が急増していきます。これがネットワークエフェクトです。

でも、フェイスブックにはそれがあるでしょうか。フェイスブックは70億人という世界人口のうち30億人が使っている巨大SNSプラットフォームですが、止めようと思えばいつでも止められます。最近では「ＳＮＳ疲れ」によって、フェイスブックから距離を置く人も増えてきました。実際、自分がフェイスブックでつながっている人を見ても、もう何年も更新していない人が結構います。そのうえ、リンクトインのような新しいＳＮＳもどんどん参入してきます。そういう産業において、「70億人のうち30億人が使っているので、フェイスブックにはネットワークエフェクトがある」というのは、恐らく嘘だと思います。私に言わせれば、あの程度のものは参入障壁でも何でもありません。

それと同じ視点でいえば、ライドシェアビジネスを展開しているウーバーもリフトも、参入障壁なんかありません。あれらは単なるマッチングアプリであり、誰でもつくることが出来ます。だから、アメリカに行くとウーバーとリフトの両方に加入しているドライバーが大勢います。つまり参入障壁がないという何よりの証拠です。

でも、ウーバーとリフトのドライバーが車に積んでいるスマホやタブレットの画面に映されているグーグルマップを提供しているのは、グーグルです。これは使わざるを得ないので、高い参入障壁があることになります。

ちなみにフェイスブックは今、暗号資産である「リブラ」の発行計画を公表し、米中央銀行との間ですったもんだを繰り返しています。中央銀行としては、通貨発行権という巨大な利権を奪われたくありませんから、リブラには反対の姿勢を取っています。もし、世界30億人がリブラを使うようになったら、世界の基軸通貨である米ドルの地位が揺らぐ恐れが生じてきます。そんな訳で、まだ正式に発行できるかどうか分かりませんが、もしフェイスブックが暗号資産を発行するところまで行き着ければ、これは立派な参入障壁になるでしょう。その意味で、マーク・ザッカーバーグは経営者として優秀だと思います。

このように参入障壁について思いを巡らせると、つくづく経営は参入障壁をつくるゲームであると思えてきます。通常、何もしなければ、参入障壁が崩れるのに1年もかからないでしょう。それを出来るだけ延ばすために、さまざまな投資を選択していくのです。コカ・コーラは間違いなくその成功事例のひとつです。

日本株に未来はあるのか

さて、ここまでお話をしてきて、皆さんには疑問が浮かんでいるのではないでしょうか。

「では、日本株はどうなんだ?」と。

つまり日本企業でも高い参入障壁を築いていて、かつ長期的な潮流に乗っているビジネスを展開している企業があれば、それは買いです。投資する価値があります。

ただ先ほども申し上げたように、日本企業は参入障壁をどんどん蝕《むしば》まれているのが現状だと思います。日本企業の参入障壁といえば、大量生産のモノづくりでコスト優位性を追求したものが多かった。つまり良い品質の商品を安い価格で提供するということですが、それは日本以外の国でも真似をしようと思えば出来てしまうことなのです。

少なくとも現状、世界市場における白物家電のシェアを握っているのは、日本の家電メーカーではなく、韓国や台湾、あるいは中国の家電メーカーです。確かに、品質という点では日本の家電メーカーの方が良いという声もありますが、品質なんてものは研究開発や人材に資金を投じていくうちに、いやでも日本に追いつき追い抜いていくでしょう。

日本の家電メーカーの経営者が参入障壁の重要さに早いうちから気づいていれば、今ごろはもっと違う戦い方が出来たのかも知れません。

でも、現時点では日本が築いてきた参入障壁は崩れ落ちようとしています。白物家電だけではなく、そういう業種、企業がたくさんあるということを、まず申し上げておき

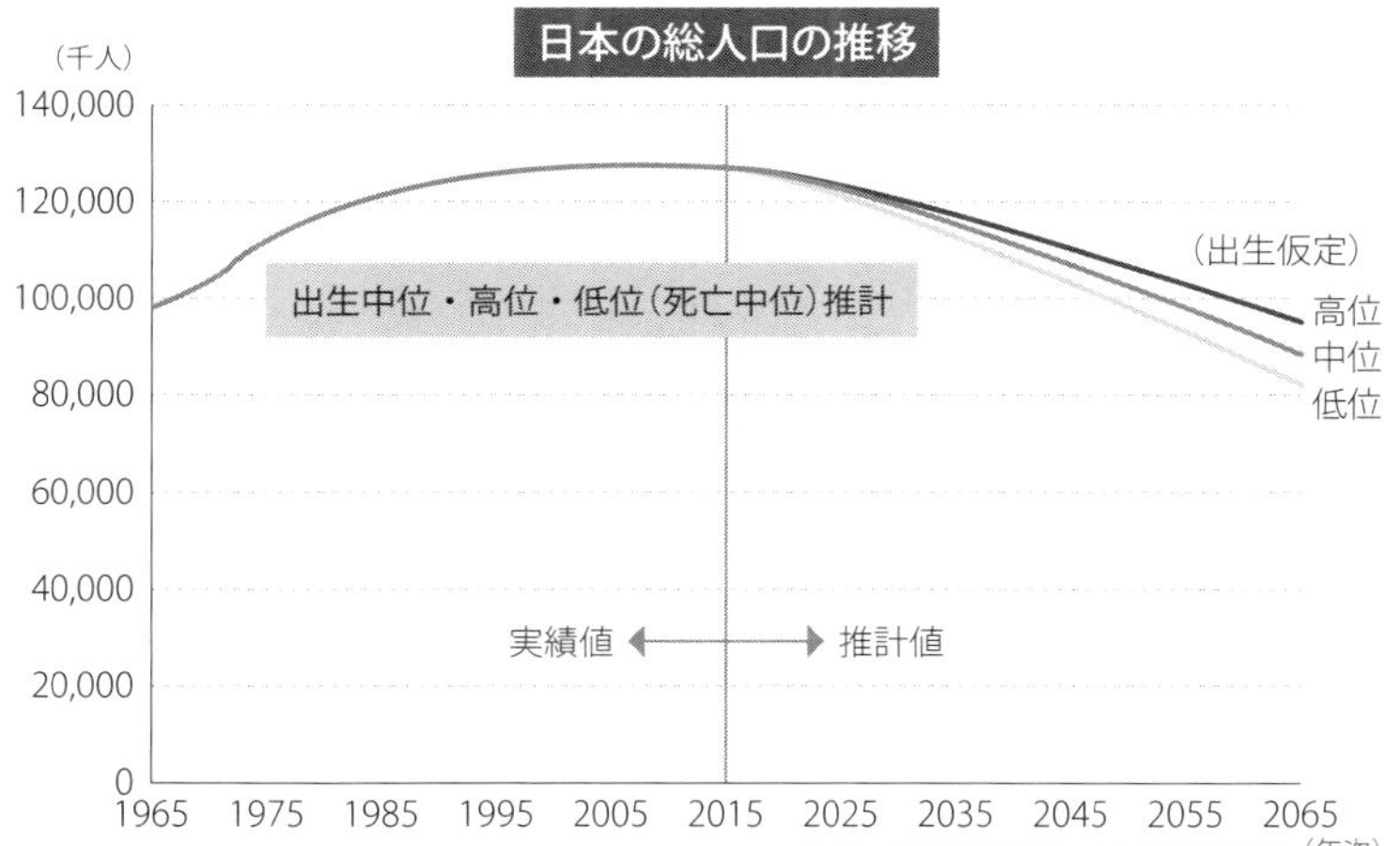

出典＝国立社会保障・人口問題研究所

ます。

そのうえで長期潮流ですが、日本の場合、これからどんどん人口が減っていきます。これは日本の将来人口推計が国立社会保障・人口問題研究所から公表されているので、そのサイトなどを見れば簡単に情報を集めることが出来ます。まず日本の総人口がピークをつけたのが２０１５年で、１億２７０９万人でした。ここから長期にわたって人口減少過程に入り、２０４０年時点で１億１０９２万人、２０５３年には１億人を割り込んで９９２４万人まで減少します。その後も日本の総人口は減少傾向をたどり、２０６３年には９０００万人も割り込んで８９９９万人になり、長期参考推計ではありますが、２１００年には５９７１

万人になります。何と80年後には、今と比べて人口は半減することになります。

ということは、少なくとも日本国内のみをマーケットにしている会社は、長期潮流の観点から逆風にさらされるのは自明です。新しいマーケットを求めて海外に進出していくことも考えなければならないのですが、それがきちんと出来ている会社となると、これがまだまだ少数です。

それが出来ている会社は利益を大きく伸ばしています。要するに、強靭な構造に支えられた強さがあれば、利益を大きく伸ばせるかどうかは「強さ×面積」で決まります。そして、その強さの源泉は参入障壁ですから、参入障壁に支えられた強さがあれば、海外にマーケットを求めることによって、利益を大きく伸ばせるようになります。

逆に、どれだけ海外に進出したとしても、肝心の強さが無い企業は、どこまで行ってもマイナスにしかなりません。掛け算ですから、強さがマイナスだったら、どこまで面積を増やしたところで、出てくる答えはマイナスです。

結論を申し上げます。

海外でも通用するような参入障壁による強靭な構造に支えられた企業であれば、日本企業でも未来はあります。そのような日本企業であれば、その株式に投資しても良いでしょう。もちろん、日本国内でも長期潮流を満たしている事業はあります。たとえば、東京圏のみのスーパーマーケットであれば、人口はまだ増え続けています。あるいは人口は減っていても、世帯数はまだ増えています。すなわち少人数の世帯が増えていて、これを背景にいわゆる中食市場は拡大しています。これらをマーケットにしている会社は、日本においても長期潮流に乗っていると言えます。

では、そういう日本企業がどのくらいあるのか？　これはあくまでもざっくりした私の実感ですが、東京証券取引所に株式を上場している３７０２社（２０２０年2月現在）のうち、２００社あるかないかです。率にして５％程度です。

だから、もし日本企業の株式に投資するのであれば、銘柄を厳選しなければなりません。少なくともＴＯＰＩＸのような、市場全体を買うインデックスファンドへの投資は、日本株に関して言えば全く無意味です。日経平均株価指数は企業の選別度合いという意味では少しはましかもしれませんが、やはり参入障壁を持たない企業が多数含まれています。最近、インデックスファンドへの関心が高まっているようですが、これらの長期的に利益を増やすことが出来ない企業が多数含まれるインデックスのファンドを買うのは、いくら長期保有を心掛けたとしても、時間の無駄以外の何物でもないことを申し上げておきましょう。

長期投資の長期とは「永久」のこと

私は株式の長期投資家です。

このように自分のことを紹介すると、必ず聞かれることがあります。「長期とはどのくらいのことを指すのか」ということです。その問いに対して、「永久です」と言い切る時の緊張感が私は好きです。

「長期」に定義があるわけではありませんが、企業会計の観点から言うならば、「短期」は1年以内、「中期」は1年を超えて3～5年まで、「長期」は5年以上で10～20年までというイメージです。ちなみに日本政府が借金をするために発行している「国債」のうち、長期国債は償還までの期間が10年以上なので、政府債務の世界では10年が「長期」という期間の概念になるようです。

私は長銀証券で債券のディーラーをやっていました。債券とは、今申し上げた国が発行する国債のように、資金調達をする際に発行される借用証書の一種と考えて下さい。

企業が発行すれば「社債」、地方公共団体が発行すれば「地方債」、政府関係機関が発行すれば「政府保証債」などと言われていますが、いずれも「債券」という金融商品で一括りに出来ます。

債券にもいろいろな種類があるのですが、最もオーソドックスなのが「利付債《りつきさい》」と呼ばれるもので、あらかじめ利率と償還までの期間が決められています。たとえば利率が２％で償還期間が10年の利付債だとしたら、毎年２％の利子を10年間受け取り、10年後に訪れる償還期日には元本も戻ってきます。

資金調達をする会社側からすれば、一般的に企業が発行する債券には5年とか10年とかの返済年限があり、その利率も決まっています。返済義務も株式に比べて優先されるので、より安全であることは言うまでもありません。ただ、企業がどれだけ利益を拡大したとしてもアップサイドはありません。

株式の場合、企業が発行する債券の利息支払いに似たものとして配当があります。しかし、配当は債券の利息と違って、企業が独自に設定する配当政策に左右されますし、長期的に利益の出ない企業が配当を出し続けることはできません。株式に投資する時に、受け取ることができる見返りは配当であり、配当を重視する投資家がいます。しかし配当とは利益の一部を投資家に還元する性格のものである以上、本当に重要なことは目先の配当ではなく、長期的に利益を出し続けることが出来るかどうかです。

利益を長期的に出し続けるだけの強さを持つ企業は、配当がなかったとしても、それは内部留保として企業の中に溜まっていて、強い事業に再投資され、将来の利益を創っていくのです。債券と株式は根本的に異なるものですが、株式に投資する私からすれば、株式は償還期限のない「永久債」に投資しているイメージを持っています。つまり私は、株式の長期投資は、永久にそれを保有し続けることと考えています。もし永久に利益が増え続ける会社を見つけることが出来れば、それは永久に持ち続けるべきでしょう。

ただ現実を見れば、そういう会社を発掘するのは非常に難しいですし、あったとしても本当にごくわずかです。どこからも突き崩されない、極めて強固な参入障壁を築いたと思っても、時代の流れとともに産業構造が変化し、この参入障壁が徐々に失われてしまうことも起こりえます。

ですから、高い参入障壁を持っている会社を見つけて投資したら、あとはその参入障壁が失われていないかどうかをチェックしなければなりません。参入障壁がある限りは保有し続けられます。もし参入障壁が無くなったと判断した時は、売るタイミングです。

問題は、何をもって参入障壁が失われたのかを判断するかですが、これは競争環境をチェックするようにして下さい。

たとえばコカ・コーラの場合、1社だけであの炭酸水を造り続けているのであれば、他に参入障壁を蝕む競争相手が出てきていないわけですから、そのまま保有し続ければ良いでしょう。

ところが、そこに2社、3社とどんどん参入して、競争が激化してくるようだと、参入障壁はかなり蝕まれたと判断できます。コカ・コーラの場合、ペプシ・コーラという長年の競合相手はいるものの、世界規模で見てそれ以外の新規参入者は全く出てきておらず、炭酸飲料の世界シェアは5割ほどで安定推移しています。そのため、参入障壁は崩されていないと判断できます。だから、バフェットもコカ・コーラ社の株式を保有し続けているのです。

《6時限目》

ファンドマネジャー流 株式投資で成功するコツ

個人投資家にありがちな誤解

いよいよ私の話も終盤に入ってきました。ここからは私がどういうふうにして投資先の会社を選んでいるのか、実際に投資した後はどうしているのかなど、ファンドマネジャーの実務についてお話ししたいと思います。

私はオーナーになっても良いと考える企業や事業を選ぶという視点で株式投資を行うので、単に株価をトレードするスタイルの人には役に立たないかもしれませんが、すでに株式投資をしている人、あるいはこれから株式投資を始めてみようと考えている人たちに、何かヒントになるようなものがあれば幸いです。

皆さんは投資する会社を選ぶ時、どうしますか。たとえば日本株に投資しようとした場合、基本的には東京証券取引所に上場されている会社から選ぶことになるわけですが、東京証券取引所に上場されている会社の数は全部で３７０２社もあります。ここから選ぶのは、結構大変な作業です。だからこそ、インターネット証券会社のトレーディングツールには、スクリーニング機能というものがあって、あらかじめ自分でいくつかの数値基準を設定して入力すると、その条件に合う銘柄が画面上にずらっと並びます。

確かに便利です。あとで詳しく説明しますが、株価収益率（PER）、株価純資産倍率（PBR）、売上、利益率といったところがスクリーニングする際の定量的な基準になります。定量的というのは、状況や状態を数値に置き換えることで、数値化できるものが対象になります。たとえば売上は、その会社の製品やサービスの売れ具合を「金額」という数値に置き換えたものです。

今、その会社がどういう状態に置かれているのかを知るために、売上や利益率、それ以外の財務諸表に記載されている数値を読み込む。そのうえで、この会社の株価が今、割高なのか、それとも割安なのかを把握するために、PERやPBRなどの株価指標をチェックする。こうした作業は、株式投資をする時に大切です。

でも、こうした数値はあくまでも過去のことしか語りません。たとえば3月決算の会社の売上は、前年の4月から3月までに積み上げてきたものですから、過去の活動によって得た売上になります。確かに過去から現在までの状況を把握するには役に立ちますが、数値は未来を語りません。それは売上だけでなく、利益率にしてもそうですし、PERやPBRにも当てはまります。

私たちは今、株式に投資することでその会社のオーナーになり、その会社が将来に稼ぎ出す利益の一部を得ようとしているわけですから、大事なのは過去ではありません。未来に向けて、その会社がどの程度の利益を稼ぎ続けてくれるのか、という将来の見通しこそが大事なのです。

ＰＥＲ、ＰＢＲ、売上、利益率など、いろいろな数値をチェックするのは良いのですが、それだけで将来も利益を稼ぎ続けてくれる会社かどうかを判断することは出来ません。ここは誤解している人が多いので、ちゃんと理解しておいて下さい。くどいようですが、もう一度言います。

数値は未来を語るものではありません。

もうひとつ、これも個人投資家の方に多いのですが、テクニカル分析を妄信している人。テクニカル分析というのは、過去の株価の値動きをグラフ化したものを見て、過去の値動きから将来の値動きを予測するという分析手法なのです。でもこれは、星占いと何も変わりません。過去の値動きをたどって、過去にこういう値動きをしたから今後はこうなるなんて分かるはずがない。

このように批判すると、テクニカル分析を信奉している人は、必ずこう反論してきます。

「価格にはすべての情報が入っている。業績も、その時々のニュースも、そして市場参加者の思惑もすべて織り込んで株価が形成されているのだから、過去の値動きとそのパターンを見れば、将来の株価も分かる」

そんなわけありませんよね。百歩譲って、価格にはすべての情報が織り込まれているとしましょう。でも、その情報はすべて過去の情報です。結局、テクニカル分析も過去の値動きしか見ていないのですから、未来の株価を分析することなど絶対に出来ないのです。

そもそも過去の値動きで判断するということは、株価を追っているだけに過ぎません。ということは、事業の内容も、利益の推移も、参入障壁の有無も一切考慮せずに投資先を判断していることになります。こんなことを言っている私も実は、債券ディーラーだった時に、かなり真剣にチャート分析を研究しました。様々な本を読み、実際にチャートを書いて相場に臨んだ時期もありました。でも結局勝ったり負けたりで確固とした拠り所を与えてくれるものではなかったのです。

チャートの使い方としてありうるのは、ロスカットをしたり利益確定をしたりするポイントとして認識するくらいでしょうか？　人間は弱いものです。持っているポジションが損失を出していくと、「そろそろこの辺りで反転するからあと少し待とう」とか、利益が出始めると「もうちょっと利益がのってから売ろう」とか、自分の心を制御できないものです。そこでポジションを持ったときからこのラインを切ったら損切ろう、と最初から機械的に決めておく時にチャートという無味乾燥なものが役にたつことがあります。

それにしてもチャート分析はバカバカしいので今ではほとんど使いませんが、ポジションコントロールはある程度機械的に行う必要があることを長い相場人生の中で学びました。

株式投資を始めるにあたって、投資関連の本を買って勉強している人もいると思います。そこには「PERやPBRの低い割安銘柄を買うようにしましょう」とか、「過去の業績を見て上昇傾向をたどっている会社に投資しましょう」とか、「テクニカル分析はここがポイントです」といったことが書かれていますが、そういう表層的なレベルでは長期投資に堪えうる分析とは言えません。

投資対象を選別するうえで一番大事なのは、仮説を立てることです。利益が増え続けるうえで必要な参入障壁が何なのかを探るために、さまざまな数値を用いて現状を確認しつつ、仮説を組み立てていくのです。

ファンドマネジャーが会社訪問で聞くこと

ファンドマネジャーの仕事は会社訪問ではありません。もちろん私も会社訪問はするので、それ自体が無意味であると言うつもりはありません。大事なのは会社の年間訪問数ではなく、訪問することによってどのような気付きを得られたかなのです。

「米国の会社を中心に投資しているのに、ニューヨークに居なくてもいいのか」とよく言われます。日本よりも米国に居た方がタイムリーな情報が得られるのに、どうしてニューヨークに行かないんだと心配してくれているのだと思います。

ご心配に及びません。米国企業に投資するのに、米国に居なければ出来ないなんてことは、いっさいありません。

もちろん、日々の値動きを追いながら細かく売買を繰り返して売買益を稼ぐというトレードの仕方をしている投資家であれば、ニューヨークに拠点を設けるべきです。その方が情報も入ってきますし、何かと便利です。売買注文も日本から送信するよりも、コンマ数秒かも知れませんが早く、差が生じてきます。

そのため、非常に短い時間で大量の売買を繰り返し、利ざやを稼ぐHFT（高頻度取引）と呼ばれている投資家は、少しでも効率よく売買益を稼ぐために、取引所の近くにオフィスを構えようとします。ですが、私たちの投資はそれとは全くスタンスが違うので、現地にオフィスを置く必要がないのです。

投資先の会社を訪問する頻度なんて、せいぜい1年か1年半で1回くらい行けば十分です。日本の会社にも投資していますが、地理的に極めて近い日本企業でさえ、我々の仮説の範囲内にいる限りにおいて1年に1回、訪問するかしないかという会社が結構あります。つまり、会社訪問の数などというものは、利益を生み続ける会社を発掘するうえでは、本質的に大事なことではないのです。

なぜ、頻繁に会社訪問をしないのに、半永久的に保有し続けられる会社を見つけることが出来るのか、不思議に思っている方もいらっしゃるでしょう。なぜかというと、綿密な仮説を組み立てることに時間を割いているからです。投資しようと考えている会社は、どのような参入障壁を持っていて、その強度はどの程度なのかということを、常にさまざまな数字を見ながら考えています。それは別に現地に行かなくても、日本国内に居ながらにしても十分に出来ることです。

もっと言えば、ＮＶＩＣの拠点を京都に移そうとさえ考えているくらいです。運用会社の仕事は、東京に居たから強みがあるかというと、決してそんなことはないのです。その証拠というわけでもありませんが、ウォーレン・バフェットが率いている投資会社バークシャー・ハサウェイだって、拠点はニューヨークでもなければロサンゼルスでもありません。アメリカ中西部にあるネブラスカ州のオマハです。バフェットは、ウォール街の情報など雑音だと言い切っているくらいです。

話が少しそれてしまいましたが、会社訪問で何を聞いているのかについてお話ししましょう。

聞くことは基本的に相手が誰であっても同じです。社長、財務担当役員、財務部長、課長、さらにはＩＲといって投資家向け広報活動を行っている現場の担当者に至るまで、こちらから質問する内容にはそれほど大きな違いはありません。

それはもう、ひとつだけです。「御社のビジネスには参入障壁があるのですか？」です。参入障壁という言葉が理解してもらえない時には、「競争力を決める要因は何ですか」と聞くようにしています。極めて強い競争力の源泉こそが参入障壁だからです。それがビジネスモデルにあるのか、技術力なのか、マーケティング力なのか、それらを結合させた何かなのかといったことを聞き出すのです。

そして、それを社長だけに聞くのではなく、財務担当役員、財務部長、財務課長、IR担当者というように、さまざまな階層の人たちに聞いていきます。

投資しようと思っている会社のことを「会社A」とします。

会社Aの偉い人から現場の人まで一通り話を聞いたら、次は会社Aの競合会社、A社に製品を納入している川上の会社、A社の製品を買っている川下の会社にも出かけて行き、同じように「会社Aがどのような参入障壁を持っていると考えられるのか」について聞いていきます。こうして会社Aのビジネスの参入障壁をつくっているのは何なのかを複層的に解き明かしていくのです。

ただ、正直なところ「参入障壁はなに?」と聞いても、かなり漠然とした質問なので、とんちんかんな答えが返ってくるケースがあります。そこで質問相手に具体的なイメージを持ってもらうために数値を示します。たとえば利益率の推移や、競合会社との利益率の差といった材料を持っていって、それを見てもらいながら質問をすると、相手もピンと来るのか話が進むようになります。

もちろん、その時には私自身も、「この会社の参入障壁は恐らくこのあたりだろうな」というように、一応自分なりの仮説を持っていくように心掛けています。だから、実際に会社訪問で話を聞くなかで、自分が考えていたのとは違う話が出てきたら、自分の仮説を修正していきますし、合っていれば、自分の仮説の正しさに思わず心の中でニヤニヤしたりもします。

私たちのチームの掟には「手ぶらで行かない」というものがあります。企業訪問する時は必ず、私たちが考えている事業に関する仮説を参考資料として作成して持参します。資料の数字を挟んで議論すれば、ミーティングがより建設的・論理的になります。これは日本企業であろうと米国企業であろうと同じです。このようなやり方は企業の経営者からしても珍しいらしく、面談が終わると「この資料は役に立つね」とか「四半期の決算数字を聞かれないミーティングは初めてだよ」と言われます。

つまり、私たちにとって面談の場は仮説の確認の場であって、面談前に「独自に考える」という最も重要な作業は終わっているといっても過言ではないのです。

こう考えると私たちの投資は、「モノづくり」だと言えます。車づくりにたとえるなら、「構造的に強靭な企業®」の3要件について、ひとつひとつ丁寧に部品を整え、ネジを締めていきます。納得がいくまで足と頭を使って自らの仮説の構築・検証を繰り返します。そしてちゃんと作り込んだ「車」ができた時点で顧客である最終投資家に届けるのです。

何年か走ってくるうちに交換しなければならない部品も出てくるでしょう。丹念に走行状態をチェックし、その状況をわかりやすく説明し、必要があれば取り替えるのです。本来、こういった丹精を込めた「モノづくり」は、日本人は得意とされています。とにかく真面目に企業の事業性に向き合うのが、私たちには向いているのかもしれません。

仮説の立て方

投資先を選ぶにあたっては仮説を立てることがとても重要になってくるわけですが、ここでひとつの事例を用いて、どのようにして仮説を立てているのかを説明したいと思います。

世界最大の農業機械メーカーはどこかご存じですか。クボタでも井関農機でもありません。米国のイリノイ州に本社を置くディア・アンド・カンパニーが世界最大の農業機械メーカーです。売上の規模で言うと、クボタの2倍くらいあります。なぜこの会社に目を付けたのかというと、まず数値情報として非常に利益率が高かったことが挙げられます。他にも農業機械メーカーはあるのに、どうしてディア・アンド・カンパニーだけ利益率が突出しているのか。いろいろな要因が考えられるわけですが、私はこういう時、まず「どこにこの会社の競争優位があるのだろうか」ということから考えていきます。

農業機械メーカーですから、私たちが食べる食料に関係しています。そして、長期潮流として人口がこれからどんどん増えていくという前提を置くと、やがて食料不足が起こるだろうという問題が浮かび上がってきます。

というのも世界の耕作地の面積は、無尽蔵ではないからです。もうこれ以上、耕作地を増やすことが出来ないだろうというところまで近づきつつあるのです。

これから世界人口が100億人に向かって増えていくなかで、耕作地が増えないわけですから、確実に食料不足が生じることになります。食料不足になったら、世界中で餓死者が出ることになるので、これは何としてでも解決しなければならない、世界的な課題になるわけです。その課題を解決できる会社は、世界中の人々にとって絶対に必要なものになります。つまり、農業の生産性を引き上げる技術が世界的に求められるようになるのです。

ということで、どのような解決方法があるのかを考えていくと、たぶん2つあります。

ひとつは種の改良、いわゆる遺伝子組み換えです。2018年にドイツのバイエルに買収された米国の農薬メーカーであるモンサントが、遺伝子組み換え作物を積極的に開発している会社としては有名です。ちなみにモンサントという会社名は、バイエルに買収されたことによって消滅しましたが、遺伝子組み換え技術の研究は今も着々と行われています。余談ですが、私たちはモンサントにも投資していました。買収された時に売却せざるを得ませんでしたが。

遺伝子組み換え技術は、たとえば大豆やトウモロコシといった穀物でよく行われていて、特定の除草剤で枯れないとか、害虫に強い、あるいはウイルス病に強いといった特性を持たせることが出来ます。それによって穀物の大量生産を可能にするというものです。

ただ、現時点では遺伝子組み換えによってつくられた農作物を食べることによって、人体にどのような影響が出るのかが今ひとつ分かりません。遺伝子組み換え技術に反対する声が小さくないのも事実です。

農作物の生産性を改善するもうひとつの方法は農業機械を改善して、作業効率を上げることによって収穫を増やしていく方法です。

これから決して遠くない未来に向けて世界人口がどんどん増えるなか、食料不足の問題を解決しなければならないのですから、ほぼ確実に農業分野ではイノベーションが起こるはずなのです。つまり農業機械には近い将来、イノベーションが起こるはずだと考えられます。

そうなった時、圧倒的な強さを持つのがディア・アンド・カンパニーであると考えています。

その根拠は、全世界に張り巡らされたディーラー網です。米国内に1500、全世界で5000前後のディーラー網を構築しているのです。これこそが参入障壁なのではないかと考えました。

農業機械は非常に稼働率が低くて、実は本格的に動いている期間は1年のうち2週間程度しかありません。要は収穫期だけ大忙しになるのです。でも、たったの2週間ですが、もし機械が壊れてしまったら、大事な収穫期を逃してしまい、農家は大損害を被ることになります。だから、収穫期の2週間は何が何でも故障せずに動いてもらわないと困るのです。そのため日ごろのメンテナンスが非常に重要ですし、不幸にして故障した時でも、すぐに修理に駆けつけてくれるサポート体制が求められます。

だからディーラー網が意味を持ってくるのです。仮にクボタがこの米国、中南米の畑作マーケットに参入しようと思っても、残念ながら圧倒的なディーラー網を築き上げているディア・アンド・カンパニーの牙城は崩せないでしょう。まさにこれこそがディア・アンド・カンパニーが持つ競争優位であり、強力な参入障壁であると考えられます。

ディアの農機。実際に見るとその大きさに圧倒される

バリアンの放射線治療機を見学

以上がディア・アンド・カンパニーへ投資する前に、自分なりに考えた仮説です。ここまで仮説を立てたら、それが本当に正しいのかどうかを確認するために、会社訪問を行います。ディア・アンド・カンパニーはもちろんですが、競合となるアグコ・コーポレーションやCNHインダストリアル、日本のクボタなども訪問し、工場なども見学させてもらいつつ、経営者にも話を聞きます。

ここからさらに面白い話へと発展していきます。もともとディア・アンド・カンパニーの競争優位を調べるために会社訪問をしたわけですが、それを行っている最中に、AIの競争優位がどこにあるのかという、農業機械とは全く違う分野の仮説を考えるきっかけが生まれたのです。

ディア・アンド・カンパニーで話を聞いている時、頻繁に出てきたのが「精密農業」という言葉でした。たとえばトウモロコシの苗を植える時、どのくらいの間隔で植えると収穫が一番良い状態になるのかを、AIで分析していくのです。すでにオランダがこの分野で進んでいて、日本でも導入しようという話が出ているようですが、現時点で最も進んでいるのが米国です。

大事なのはここからです。AIを駆使してトウモロコシの苗を植える間隔の最適解を求めるということはわかったのですが、問題はなぜ最適解を求められるのかということです。

なぜ、ＡＩでそれを弾き出せるのかというと、農地に関連する膨大な情報がインプットされているからです。ＡＩは情報があって初めて動くものなのです。ということは、いくらグーグルがＡＩの分野で頑張って開発を行ったとしても、最後の最後に情報が集められなければ、何の役にも立たないことが分かります。

このケースでいえば、ディア・アンド・カンパニーは、米国大型農機における推定シェア50％という圧倒的な地位を活用することによって、米国にある農地の50％について、さまざまなデータを集められる立場だということです。これは物凄い参入障壁だと思いませんか。

ＡＩというと、シリコンバレーあたりに開発拠点を置いて、ＡＩの分析ツールを必死に開発している研究者が大勢いますが、実はＡＩの分析ツールには参入障壁など全くありません。今後、ＡＩがさまざまな分野に導入されていくなかで、一番の参入障壁を持っているのは、一次情報を握っている会社なのです。

そうなると、今度は別の業種ではどうなのかというところに発想が飛んでいきます。

カリフォルニア州のパロアルトに本社を置くバリアンメディカルシステムズは、がんの放射線治療器を製造している医療機器メーカーです。

投資仮説（ディア・アンド・カンパニー）

競争優位	全米No1のディーラー網とアフターサービス
付加価値	農業機械は人類にとって必要不可欠な農業生産性向上のカギ
長期潮流	世界の人口増と所得水準増による農作物需要の継続的な増加

投資仮説（バリアン）

競争優位	設置済み放射線治療機器数で世界シェア5割
付加価値	当社製品なくして、米欧地域での標準的ながん治療が成り立たない
長期潮流	世界的な高齢化を背景としたがん患者数の増加

現在、がんの治療方法は4つあります。投薬、手術、放射線治療、そして免疫治療がそれです。日本の場合、放射線治療に対してある種の偏見みたいなものがあって、放射線治療を選択する人はがん患者全体の25％程度です。しかし海外では、放射線治療をしながら投薬を併用するといった方法を選択する人が多く、がん患者全体の40〜50％が放射線治療を受けています。

バリアンメディカルシステムズは、この放射線治療器で世界シェアの5割を握っています。ということは、世界中のがん放射線治療に関する5割の情報を持っていることになります。10％のシェアでは、いくら情報を持っていたとしてもどうにもなりませんが、バリアンメディカルシステムズやディア・アンド・カンパニーのように、50％のシェアを持つようになると、その情報が持っている価値は非常に大きなものになります。その情報は、まさに参入障壁そのものといっても良いでしょう。

ＡＩが株式市場のテーマとして注目されると、多くの投資家はＡＩの開発を行っているグーグルのような開発会社に注目して、その株式を買おうとします。

でも、違うんですね。ＡＩの開発会社は先ほども申し上げたように参入障壁がないので、他により性能の高いツールを開発した会社が登場したら、そっくりそのままそっちに売上が移ってしまい、元の会社の株価は急落してしまいます。

これに対して、バリアンメディカルシステムズのように世界で50％のがん患者さんのデータを持っているとなれば、さまざまな会社がＡＩを用いたがん治療の分析・診断ツールを開発するたびに、バリアンメディカルシステムズが持っているデータに頼らざるを得なくなります。だからこそ、投資対象として魅力的なのです。

自分のレンズを磨け

情報を英訳すると、2つの単語が出てきます。「Information」と「Intelligence」です。この違いが分かりますか?

日本では両方とも「情報」という言葉で片付けられてしまうのですが、明確に違います。Informationは生の一次情報です。これに対してIntelligenceは、意思決定を下すために分析・加工した情報という意味があります。米国の情報機関であるCIAは、「中央情報局」と言われますが、Central Information Agencyではなく、Central Intelligence Agencyです。CIAは米国大統領直属の情報機関であり、大統領が意思決定を下すうえで必要な情報を集めて分析するのがその役目です。

恐らく多くの人は「情報なんてインターネットで簡単に取れる」と思っているでしょう。でも、はっきり申し上げます。投資の意思決定を下すうえで、インターネットで垂れ流されている情報は、使い方を誤るとその99%が何の役にも立ちません。

情報 vs 思考

投資期間が長くなると、単に「情報を集めること」の
重要性は低下する

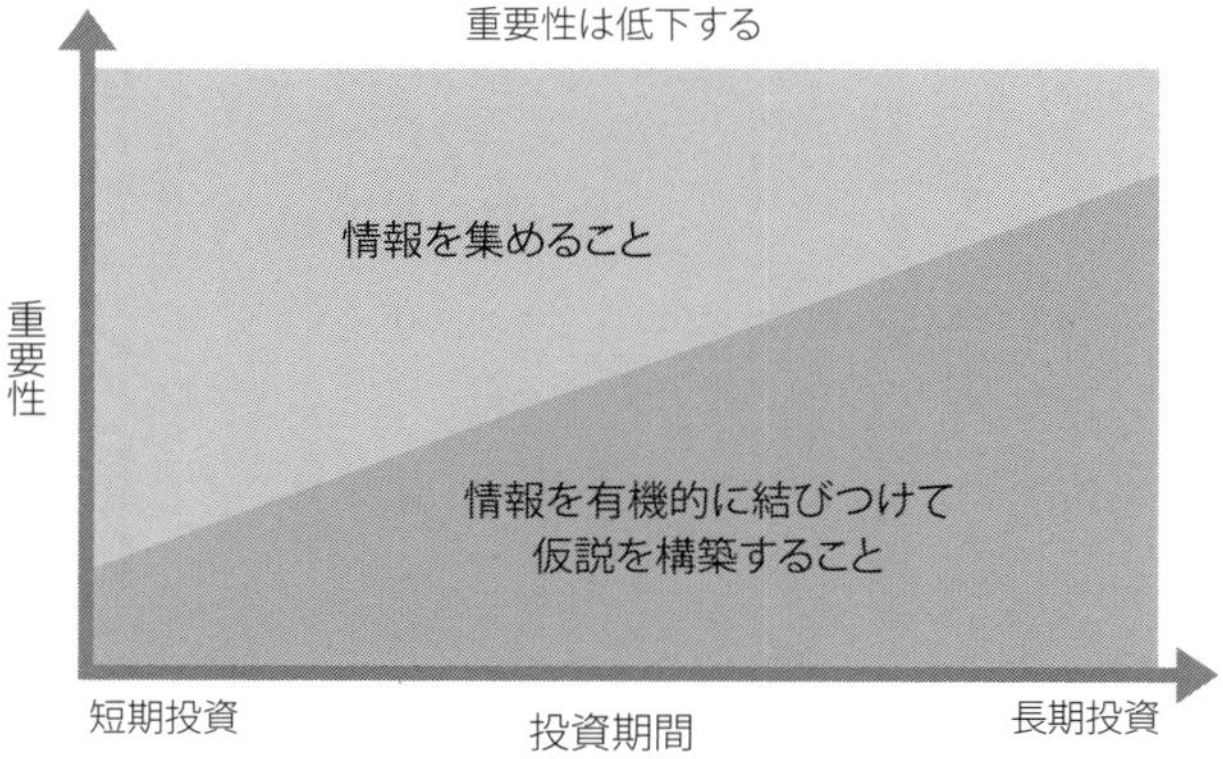

むしろ間違った判断をしてしまいます。

使い方として気をつけることは一つです。それは事実か意見かをハッキリさせて情報をとることです。そして考えるときは、一次情報である事実（ファクト）を集めなければなりません。「他人の意見」はゼロベースでものを考えるときには邪魔以外のなにものでもないからです。

情報との付き合い方は、大量の情報をインプットすることよりも、考えることの方がよほど大事です。ところが、情報の量が増えれば増えるほど、人間は考えなくなります。考えることの総量は、流れている情報の総量に反比例するのです。

これは、本当に危険なんですよ。最近、世の中の人々の考え方が非常に短絡的にな

っていると思いませんか。恐らくインターネットを通じて膨大な量の情報が流れてくるため、自分の頭で何も考えなくなっているのだと思います。ＳＮＳやニュースアプリを通じて流れてくる「インフルエンサー」の言葉を鵜呑みにする人もたくさんいます。なぜ、インフルエンサーの言葉を鵜呑みにしてしまうのかというと、情報の量が多すぎて、自分の頭で考えるという行為を放棄しているからです。

私は会社訪問を終えたら、帰国する際の移動時間を利用して、今回の会社訪問で気づいたことを手帳に手書きでメモしていきます。緻密に分析する前の、ちょっと自分が感じたことで良いのです。「エルメス（欧州のラグジュアリーブランド企業）ってこんな会社だったな〜」とか、「ソノバ（補聴器製造のトップ企業）って会社の強みはここだったのかも知れないな〜」という程度で良いのです。自分のレンズを通した情報をメモにしておくと、それが後々、仮説を立てていく際のフックになります。まさに値千金の情報になるというわけです。

だから皆さん、情報は単に集めるだけでなく、その情報を基にして考えるというクセを付けるようにして下さい。情報を集めているだけの人は、自分ではきっとそう思っていないでしょうが、私に言わせれば単なる情報弱者なのです。

本当の株価指標の見方

6時限目が始まる冒頭で、PERやPBRなどの数値はあくまでも過去のものであり、未来を語っていないので、その数値だけで投資判断を下すのは危険だという話をしました。それと共にもうひとつ言っておきたいのが、いわゆる投資の教科書的なもので語られているPERやPBRの見方をそのまま用いると、投資に失敗する恐れがあるということです。

たとえばPER。PERとは「株価収益率」のことです。ちょっと難しいと思いますが、ひとつずつわかりやすく説明していくので大丈夫です。誰にでも分かります。

PERはその会社の利益と株価を比較して、現在の株価が1株当たり純利益に対して何倍まで買われているのかを示した指標です。純利益とは、会社が1年間の活動によって得た利益から、法人税や住民税などお上に納めるべきものを納めたうえで残った、本当にその株主に帰属する利益のことです。

この純利益を発行済株式数で割ると、1株当たりの純利益が算出されます。それを株価と比較して、株価が1株当たり純利益に対して割高な水準まで上昇しているのか、それとも割安な状態にあるのかを見るのがPERなのです。

たとえば1株当たり純利益が30円の会社の株価が600円だとしたら、

PER=株価÷1株当たり純利益=600円÷30円=20倍

ということになります。PERが20倍といってもピンとこないかもしれない人は、こう考えてください。今の利益水準が変わらないとすれば、投資した元本を回収するのに20年かかると。いわば投資回収期間と考えても差し支えありません。

一般的にPERを用いる時は、「この倍率が高いほど株価は割高、低いほど割安であると判断しましょう」などと、巷の投資の教科書には書かれていますが、これは幼稚園級の内容です。

もう少しマシなものになると、「そのPERが過去からの推移の中でどの程度の水準にあるのか、同業他社と比較してどうなのかといった比較をしたうえで、今の水準が割安なら買い、割高なら売りと判断される」などと書いてあるわけですが、これでもまだ小学生クラスです。正直、この程度のレベルでPERを使うと、むしろ判断を誤ることになります。

　では、ホンモノのＰＥＲの使い手は、どこに注目するのでしょうか。
　通常、ＰＥＲを計算するときには、今期の実績見込みであるとか、来期の予想の純利益を使いますが、ここで株価と比較されている純利益は、あくまでも過去の経営の成果、もしくは来期の予想に過ぎません。それよりも、将来もその１株当たり純利益を出し続けることが出来るのかという点を問うべきなのです。そして、その１株当たり純利益が出続けるためには、これまで何度も触れてきましたが、構造的に強靭な企業かどうかという点が問われてくるのです。
　また、そのように長期で株式を保有し続けようと考える人には、もうひとつ、ＰＥＲを見るときには、その倍率よりも逆数で計算される「株式益利回り」を使うほうが手触り感があるかもしれません。計算方法は簡単です。ＰＥＲの計算式は「株価÷１株当たり純利益」ですから、その逆数なので、「１株当たり純利益÷株価」で求められます。たとえば1株当たり純利益が30円の会社の株価が６００円だとしたら、ＰＥＲは６００円÷30円＝20倍。
　株式益利回りは、
30円÷６００円＝０・０５＝５％
　ということになります。もしこの会社が30円の純利益を出し続ければ、その投資家は、

5％の利回りを楽しみ続けることができ、20年で投資した元本を回収できるということです。この会社が30円という利益を出し続けることができるのか、それが大事であることはこの計算式をみてもらうとわかってもらえると思います。

さて、世の中には利回りが確定している証券があることを知っていますか？　それは、国が発行する借入証書、国債です。国がお金を調達するためにクーポン（利札）を確定して発行する証券ですが、その発行している国が債務不履行（デフォルト）に陥って、借金を返せなくならない限り、確実に投資したお金がかえってくるのです。

実際に南米の国々などは何回もデフォルトしています。

例えば日本国債は銀行の窓口等でも買うことができますが、現在の10年国債の利回りはほぼゼロ、アメリカの10年国債は新型コロナショック以降は１％程度まで低下してますが、この1年間くらいはだいたい１・５％から２・０％の間で推移していました。

先ほどのＰＥＲ20倍、益利回り５％の株式とアメリカ国債の２％はどちらが有利でしょうか？　それは、この会社が将来的に一株当たり30円の利益を増やすことができるのか、それとも減ってしまうのかにかかっています。まったくなんの心配もなく２％の利回りが10年間出続けるアメリカ国債と、上方にも下方にも動く可能性のある利回り５％の株式のどちらを買うのか……。今後、世界的に金利が低いまま安定してしまうとするなら、利益が上方に動く可能性の高い企業の株式の方が有利なような気がします。

将来的に利益を増やし続けることができるのかが重要なのであって、それができない企業はどんなにＰＥＲが低かろうが、長期投資には向かないのです。つまりＰＥＲはＰＥＲだけを見ていても割高なのか、割安なのか判断することはできませんし、国債の金利水準やその方向性との比較も重要なのです。


ＰＢＲについても触れておきましょう。

これは正直ベースで申し上げますが、ほとんど意味がありません。よく投資の教科書に書いてあるのは「ＰＢＲが１倍を割れている銘柄は割安」というものです。現に東証に上場している企業の約半分がＰＢＲ１倍割れの状態であり、米国企業の平均ＰＢＲが２・６倍であることと比較しても、日本株が割安であるという使い方がされます。

どういう意味か、分かりやすく説明しましょう。

ＰＢＲとは「株価純資産倍率」のことで、１株当たり純資産に対して株価が何倍まで買われているのかを示しています。計算式は、「株価÷１株当たり純資産」です。

では、純資産とは何かですが、会社が保有している全ての資産額から負債額を差し引いた残りのお金のことで、その会社の清算価値を示しています。清算価値とは、たとえばある会社の株式を全部買い取ったうえで会社を解散させ、その資産をすべてばら売りにして得たお金から、銀行など借入先に返済して残った金額のことです。つまりPBRが1倍を割り込んでいる会社は、清算価値に比べて、すべての株式を買い取るのに必要な金額が少なくて済むため、会社を解散させた時に利益が生じます。

したがって、PBRが1倍を割り込んでいる銘柄は、純資産に対して割安であると判断されるのです。

しかし、そもそもある上場企業のすべての株式を買い取れるのかという問題がありま す。それは資金力としてという意味ではありません。たとえば創業者の持分があったら、それも含めてすべての株式を買い取るのは非常に困難です。ある程度の株数なら、株式市場を通じて買い取ることも出来ますが、その会社の株式をずっと保有し続けている大株主の分も含めて、全部を買い取るとなると、かなりハードルが高くなります。現実問題として、すべての発行済株式を買い取ることは不可能に近いでしょう。

では、仮に買い取れたとしましょうか。その後、予定通り会社を清算して、その会社が保有していた全資産を売却するとします。ここで大事なのは、PBRの計算根拠となっている帳簿に記載されたとおりの金額で、すべての資産を売却できるのかという問題です。しかし、日本の土地等の資産価格が長期趨勢的に下落していること、日本国内の需要が人口減で長期趨勢的に減退することを勘案すると、日本に存在する資産の時価が簿価を下回るケースがあっても不思議ではありません。

たとえばバランスシートの資産のところに、保有している土地が１００億円で記載されていたとしましょう。果たして土地を売りに出した時、本当に１００億円で売れるのかということです。もし地価が下落していたら、１００億円で売却できず90億円、あるいは60億円になってしまうかも知れません。60億円でようやく買い手が付いたとしても、この時点ですでに40億円のロスが生じています。こんなことが他の資産を売却する時にも起こったら、最終的に得られた金額は、すべての株式を買った時の金額よりも少なくなってしまうかも知れません。

現実には、すべての資産をバランスシートに計上されている金額で売れるケースはほとんどありません。つまり、清算価値なんてものは何の根拠もない、現実味に乏しい数字なのです。それを比較対象にして、今の株価が割高なのか、それとも割安なのかを判断すること自体がナンセンスといっても良いでしょう。

ＰＥＲやＰＢＲは、いずれも株式投資をする際に重視するべき判断基準などと言われていますが、少なくとも私のこれまでの経験で言うと、ほとんど見るべき意味のない数字ということになるのです。

そもそも誰でも簡単に入手・分析できるようなＰＥＲやＰＢＲのような定量的財務情報だけで、割安かどうかを判断して儲けることができると思いますか？

インターネットが普及する前であれば、単純に対象企業の時価と簿価の差を収益化することができたかもしれません。実際にバリュー投資の始祖、ベンジャミン・グレアムはこの手法により大成功を収めました。しかしいまや単純な財務分析は誰にでも手軽にできるようになりました。３時限目でも述べた「短期的に楽してお金を稼ぐ方法はない」という原則はここでも当てはまるのです。

5年以上かけて買う

ここまでの段階を踏んで、実際に株式を買うまでには、結構な時間をかけます。

個人投資家だと、ちょっとした噂話を聞いていきなり買ったりしますが、私たちは他人のお金を運用しているということもあり、実際に買うことを決断するまでにはかなり時間をかけます。企業リサーチをしている期間も含めると、通常は２、３年はかけています。

といってもその間、ただじっと買い場を待っているというわけではありません。私たちの仮説が正しいかどうかを検証しているのです。2、3年の時間があれば、その間に2回、3回と決算が発表されますから、仮説に照らし合わせてしっかり利益を増やし続けているかどうかをチェックできます。2、3年というのは、確かに個人投資家の投資行動から見れば、とてつもなく長い時間であるかのように感じると思いますが、私たちにとっては絶対に外すことの出来ない、非常に大事な時間なのです。

一方で、「そんなに時間をかけていたら、絶好の買い場を逃してしまうのではないか」という意見もいただきます。

それは、やはり起こり得ます。時間をかけて仮説を検証し、これなら行けるということでいよいよ買いに行こうと思ったら、想定していたよりもかなり株価が高くなっているというケースは結構あります。

ただ、そこで大事なのは「高くなったから買わない」ということではなく、「高くても少しだけ買っておく」ことです。なぜなら、利益を増やし続ける企業の株価は長期で見れば右肩上がりになるからです。もちろん、どこかで下落相場に直面すればある程度株価が下がることもあるとは思いますが、その時に今の株価よりも安くなっている保証はどこにもありません。私自身の経験からも「買って後悔した」ケースよりも、「買わなくて後悔した」ケースの方が多いくらいです。

その意味では、多少高かったとしても少しだけ買っておくことが大事だと考えています。さきほどPERやPBRについて説明しましたが、結局、今の株価が割高なのか、割安なのかを完全に予測することは不可能ですから、異常に高いと判断できるとき以外は、とりあえず買っておくというのは、実は正しい投資行動だったりするのです。

買うタイミングについても同様です。神様でもないかぎりベストのタイミングで買うことは不可能です。そもそも「買うタイミングを図れるのだ」と豪語する人がいるなら、その人はどの株を買うかなどという気が遠くなるような作業はする必要はありません。株式先物だろうが為替だろうが、もっと簡単な売買対象を選ぶべきです。

そう考えると、やはり積立投資ではありませんが、買うタイミングを分散させることが大事だと思っています。なぜなら、タイミングを取って買うのは不可能に近いからです。

積立投資に批判的な立場の人は、こう言います。

「そもそも株価が上昇するから投資するのであって、それなら買うタイミングを分散させると、後にいくほど高い株価で買わなければならない。それは合理的な投資行動ではない。株価が合理的に正しい水準になった時に、まとまった資金で一気に投資した方が良い」

もちろん、そこまで株価の正しい水準を導き出すことが出来て、かつタイミングも図れるというのであれば、そういう投資の仕方でも良いと思います。そういう天才はもう働く必要もないですよね。もっとも世界中のヘッジファンド投資をしていた時ですら、残念ながらそんな天才に会ったことはありません。

どんなポジションを取る時、または外す時でもタイミングを強制的に分散して複数回に分けることが後悔しないコツです。私はもともとタイミングを取るのは難しく、しかもその時々で形成されている株価が本当に割安なのかどうかは分からないと考えているので、やはり買うタイミングは複数回に分散させるように心がけています。したがって、お客様である機関投資家にも「一発で買わずに、時間を分散させて淡々と買いましょう」と助言しています。

では、買うタイミングを分散させるといっても、どのくらいの期間で分散させるのかという問題があります。これについては相場のサイクルで考えるようにしています。つまり相場が底を付けて上昇局面に入り、天井を打って下落局面に移行して再び底を付けるまでをワンサイクルと考えて、この間に複数回に分けて投資していくのですが、このワンサイクルを私は5年から10年と考えています。したがって、投資するべき金額が決まっているならば、5年以上かけて投資し終えるというイメージで考えています。

個人投資家である程度まとまったお金がある場合でも、5年程度で淡々と買っていくことをおすすめします。具体的な方法については、補講の項で述べたいと思いますが、例えば生活資金として動かす必要のないお金が200万円あるとすると、毎年40万円ずつ買うのです。このようにルールを決めておくメリットは、どうせ予想の出来ない相場動向に一喜一憂することなく、「買うべき企業」「強い事業」の分析という自らの能力が及ぶ範囲に集中することが出来ることです。

絶対の自信があったとしても、その判断が必ず正しいとは限らないのが相場の世界です。正直、何を買えば良いのかも含めて、相場の前では人間の知識なんてたかが知れているという謙虚な気持ちは持ち合わせておくべきでしょう。

株価が下がっても狼狽しないためには

買った株式を保有している間、当然ですが株価は常に上下しています。多くの個人投資家は、この株価の値動きに一喜一憂するわけですね。

正直なところを言えば、私だってリーマンショックや新型コロナショック級の暴落が来れば驚きますよ。でも、4時限目でも申し上げたように、株価は尻尾に過ぎません。胴体部分がしっかりしていれば、つまり利益がしっかり付いているのであれば、株価が大きく下がったとしても、何も怖くありません。

もちろん先般のコロナショックやリーマンショック、東日本大震災のような、経済全体に大きなマイナスの影響を及ぼす出来事が突発的に起こった時は、一時的に投資先企業が生み出す利益が途絶えるケースもあります。

でも、こうした要因で利益が出なくなったとしても、そのことと参入障壁が蝕まれているのとは、また別の話になります。というのも、経済全体に大きなマイナスの影響を及ぼす出来事が突発的に起こった時は、特定の会社だけでなく、大半の会社の利益が一時的に失われているはずだからです。

当然、このような経済環境下では、投資先企業の営業利益は相応に落ち込むと思いますが、他の競合企業も同じように営業利益が落ちているはずで、それらの背景が説明できるものであれば、全く問題ありません。相対的に競争優位性をもっていて、それが損なわれないのであれば、経済環境が悪くなって先に沈むのは競合企業だからです。そして経済環境が正常化した時には、競合企業は退場しているので生き残った投資先企業はさらに強くなっているはずです。

長期的に損なわれない競争力の他にもう一つ重要な条件があります。それは、中短期的に倒産しないだけの強い自己資本を持っていることです。具体的には借入金などの負債が小さいことです。これをファイナンス用語では「財務レバレッジが低い」と表現します。

強靭な競争力を背景に、数年後にその収益性が回復するとしても、その数年の間に倒産してしまっては元も子もありません。もし銀行からの借入金がなければ、他人から倒産の引き金を引かれることなどあり得ないのです。

しかし、ただ単に借入金がない企業を選べば良いのか、というとそんなに簡単ではありません。確かに借入金がなければ、危機が訪れた時に倒産しないかもしれません。しかし、危機が去って経済状態が通常状態に戻っても、競争優位性がなければ、その企業が復活することはありません。やはりいちばん重要なことは「圧倒的な競争優位性」であると繰り返しておきましょう。

株価的な観点でいうと、そのようなショック時代には全体相場は暴落していますから、想定していたのに比べて、より安い株価で投資できます。より安い株価で買うことが出来れば、バフェットが言うところの「マージン・オブ・セーフティ」を確保することが出来ます。つまり株価が更に下落して、大きく元本を割り込むリスクは低下するからです。私たちのような投資の仕方をしていれば、株価の下落はむしろ歓迎といっても良いでしょう。

参入障壁が全く蝕まれておらず、一時的な経済のショックで株価が全体的に下げているのであれば、ここは買い増しても良いくらいです。長い間、投資をしていると、経済環境全体の不調で株価が大きく下げる場面には何度も直面します。

たとえば２０００年にはＩＴバブルの崩壊、２００１年は同時多発テロ、２００７年にはサブプライムショック、２００８年のリーマンショック、２０１０年の欧州ソブリン危機、２０１１年の東日本大震災、２０１５年のチャイナショックというように、幾度となく世界的な経済の停滞と株価の急落を経験しています。

それらすべてのケースで共通しているのは、ちゃんと参入障壁を持った会社の株式に投資してさえいれば、経済環境がこうした一時的なショックから徐々に立ち直っていく過程において、企業利益もきちんと改善し、それに伴って株価も前回高値を抜いて上昇していくということです。したがって、株価の下落には一切狼狽する必要がないのです。

大勢の投資家が恐怖におののいて、持ち株を全部ぶん投げているような時は、間違いなく絶好の買い場です。株式に投資する時は何回かに分けて買うわけですが、このような歴史に残るような暴落局面では、気合を入れて出来るだけ多く株式を買おうとさえ思っています。

コロナショックは大きなチャンス

この原稿を書いている2020年3月時点では、世界中で新型コロナウイルス感染者がパンデミックに拡大していて、スペイン、イタリアでは医療崩壊とともに多数の死者が出ています。米国、英国では外出制限が政府から出ており、シンガポールは実質的に鎖国に踏み切りました。日本ではオリンピックの延期が決定されました。

この手の問題はミクロ的に見るか、マクロ的に見るかで様相が大きく異なります。ミクロ的に見れば、人の往来や行動が抑制され、消費が完全に消失するような産業もあるでしょう。資金繰りが悪化した場合、銀行に生殺与奪《せいさつよだつ》の権利を持たれているような企業（先に記述したような財務レバレッジの高い企業）は、窮地に陥るでしょう。もっとミクロに個人レベルでみた場合、自分や自分の家族、友人が生命の危機に晒され、身の周りで狂騒的なデマなども流れる中で、ますます悲観的になってしまうのが人間の性《さが》なのです。

一方で新型コロナウイルスをマクロ的に、俯瞰的に長い人類の歴史の中で捉えてみると見え方が変わります。

『感染症の世界史』の著者である石弘之氏は「人類は長い歴史の中でウイルスと常に戦ってきたが、これまで1勝9敗とヒト側の負けがこんでいる。勝ったのは1977年以来発病者がでていない天然痘とほぼ根絶寸前まで追い込んだポリオぐらいでしょう。私たちは、過去に繰り返されてきた感染症の大流行から生き残った「幸運な先祖」をもつ子孫であり、その上、上下水道の整備、医学の発達、医療施設や制度の普及、栄養の向上など、さまざまな対抗手段によって感染症と戦ってきました。それでも感染症がなくなることはありません。」と述べています。

ウイルスとの戦いは今に始まったことではなく、スペイン風邪、香港風邪、2003年のSARS（重症急性呼吸器症候群）、2012年のMERS（中東呼吸器症候群）と毎回、苦戦を強いられているのです。このようにとらえると新型コロナウイルスは確かに新型ではあるものの、決して特殊なことではないということがわかります。

なによりもまず事実を直視することです。これは企業分析、市場分析にも通じます。

例えば、新型コロナウイルスに関して言えば、今までの感染症と比較した場合の健常者の致死率の低さや年齢による重篤率の差異などです。ミクロ的、個人レベルでみれば決して冷静になれない事情や感情があるのは理解できるところですが、それをあえて突き放して、俯瞰《ふかん》的に物事をとらえると見え方が異なってきます。

新型コロナウイルスは確かに中短期的には人びとに大きな問題を引き起こしています。ミクロ的にいえば、倒産する企業も相当な数になるでしょうし、新型コロナ自体を過小視することは危険です。だからといって、これで人間そのものの生活が長期的に変わると過大視するのも危険です。

所詮、人の生活は変わるものではないし、いつかは分かりませんが、新型コロナウイルスは必ず収束します。人が必要とする財・サービスを提供できる無茶苦茶強い企業を選ぶことができるのであれば、今のような株式市場はバーゲンセールです。笑みを浮かべながら、コツコツと少しずつそういう企業を買いましょう。

保有株式を売却する時の判断基準

「絶対に持ち株を売らないのか?」と言われれば、答えはノーです。基本的には売らなくてもずっと株価が上がり続けていく会社に投資するのが理想ですが、それでも売却するケースが3つあります。

第一は、私たちの見立てが間違っていることに投資した後で気づいた時。「この会社は強い参入障壁を持っている」と思って投資したのに、実は大したことが無かったと言うケースが時々、あります。見立て違いだった会社の株式を持ち続けるわけにはいきませんから、その時は潔く売却します。あるいは参入障壁が、時間の経過と共にどんどん蝕まれていき、どうやらこのままだと参入障壁を構築し直せるような状況ではないと思った時も売却します。

第二は、より面白い投資機会が出てきた時です。たとえばB社と比べてA社の方が高い参入障壁を持ち、かつ付加価値も高くて投資妙味があるという場合、B社の株式を売却してA社の株式を買うケースもあります。私たちが運用しているファンドは組入銘柄数の上限を定めているわけではないので、B社を持ったままA社の株式を追加で組み入れれば良いという声もありますが、明らかにA社の方が高い投資妙味を持っているのに、敢えてB社を持ち続ける意味はないわけです。そういう意味での銘柄入れ替えは時々、行っています。

第三は、株価がフェアバリュー対比で上がり過ぎた場合です。フェアバリューとは「適正価格」のことで、将来予想される業績や現在の資産、負債の状況から独自に算出する理論値です。このフェアバリューより現在の株価が安い時に、割安とよび、高い時に割高といいます。株価というものは、中短期的には、「ヘッジファンドが買った」とか「アラブの政府筋が売った」とかいう株式の需要と供給のバランスや、政府高官の発言などの様々なニュースで激しく変動します。したがって、私たちが独自にはじき出したフェアバリューから大幅に割高になったり、割安になったりすることが起こりえるのです。

このように、実際の株価がフェアバリューに対して2倍、3倍などと大きく上回った時は、ひとまず売却して利益を確定させます。目の前に大きな利益を得るチャンスがぶら下がっているのに、何もせずに眺めている手はありません。それに、長期的に考えれば、フェアバリューに対して2倍、3倍と上昇した株価は、どこかの局面で必ず値下がりしてきます。そうなった時、もう一度、参入障壁が蝕まれていないかどうかをチェックして、まだまだ競争力が維持できそうだと判断すれば、買えば良いのです。

そしてこれは売却の判断基準ではありませんが、売却せざるをえないケースがあります。それは、他の企業に買収されることです。実は私たちの投資の歴史の中では、最も件数が多いのです。

直近では、アメリカの宝飾品ブランド「ティファニー」がフランスのラグジュアリーブランド「LVMH モエ ヘネシー・ルイヴィトン」から、買収提案を受けたので、仕方なく売却せざるを得ませんでした。もっとも、その時のティファニー社の株価に対して3割以上高い価格で買収価格が設定されたので、相応に儲けることができましたが……。買収の場合はその時点の株価に対して3割以上高いところで買収価格を設定することが一般的なのです。

私たちが保有している企業は他の企業から買収提案をうけることが多いのですが、これは私たちが本当に参入障壁を築いている強い企業を持っている証拠だと考えています。

ティファニー社のケースで言うなら、同社が150年以上かけて作ってきた「ティファニーブルー」と同じ強さをもって、銀宝飾市場に参入することは、同社を買収する以外に事実上あり得ないということなのです。

投資事例をいくつかご紹介します

実際に私たちの投資先企業について、いくつか簡単に触れておきましょう。なかには売却してしまったものもありますが、どういう視点で投資することを決めたのかをお話ししたいと思います。

①ユナイテッド・テクノロジーズ

航空機のエンジン、宇宙産業、空調装置、エレベーター、エスカレーターなどさまざまな分野の工業品を製造している会社です。すでに売却してしまいましたが、この会社はエレベーター事業が有名です。

「オーティス」というブランドを聞いたことがありませんか。日本のビルでも、オーティス製のエレベーターを入れているところはたくさんあります。このオーティスは、ユナイテッド・テクノロジーズが持っているブランドなのです。

エレベーター・エスカレーターは絶対に必要です。最近は建物の高層化が進んでいますから、どんどん需要が生まれていきます。ビルでも4階とか5階なら「健康のために」と歩いて上がることもありますが、50階とか60階になると歩いて上がるなんてことは不可能です。どうしてもエレベーターを使わざるを得ません。

そこでエレベーターを1基でも多く導入してもらうことは大事ですが、それ以上に重視されているのがメンテナンスです。ここが、ユナイテッド・テクノロジーズのビジネスモデルのキモです。超高層ビルに導入されているエレベーターが故障したら、大勢の人が困ってしまいます。途中で停まるのはもちろん、ワイヤが切れて下まで落ちるのはもっと困ります。だから日頃のメンテナンスがとても重要になってくるのです。

これこそがユナイテッド・テクノロジーズの参入障壁です。もし中国のエレベーターメーカーが、オーティスの半値で導入できると営業してきたとしても、恐らく話を聞く人はいないでしょう。エレベーターの安全性には人命がかかっていますから、何の実績もない企業が、どれだけ価格面で魅力的な提案をしてきたとしても、そう簡単には乗ってこないはずです。

加えて長期潮流にも乗っています。世界各国で都市化が進み、そこに大勢の人が集まれば、建物は上に上に伸びていくしかありません。だから主要都市のビルはどんどん高層化しているのです。この長期潮流から見ても、ユナイテッド・テクノロジーズは長期的に利益を増やし続けるだろうと考えて組み入れました。

②信越化学工業

数としては少ないのですが、日本の企業にも投資しています。そのひとつが信越化学工業です。

この会社はシリコンウエハーで世界シェアの33%を握っています。シリコンウエハーとは、薄くスライスされた円盤状のもので、これを小さく切ったものが半導体の「基盤」の素材になるわけですが、実は信越化学工業でなければ作れないというものではありません。実際、競合の会社としては、他にＳＵＭＣＯ（サムコ）とか韓国ＬＧシルトロンなどがあります。したがって製品そのものが参入障壁というわけではありません。最大の参入障壁は、33%という世界シェアです。

そもそもシリコンウエハーは大量に作った人が勝つという市場です。ある意味、単純な素材なので、規模の経済が効いてきます。たくさん作れば作るほど単価を下げられるので、最も高いシェアを持っている会社だけが儲かる仕組みになっています。つまり信越化学工業の一人勝ちになるわけです。

この参入障壁に加え、長期潮流という点でも魅力的です。今、私たちの身の周りにあるスマートフォン、タブレット、パソコン、デジタル家電、自動車などは必ず半導体が使われていますから、その基盤の素材であるシリコンウエハーの需要は、将来的にもっと上がっていくと考えられます。

③ナイキ

靴に「付加価値がない」などと言う人は、もはや一人もいないと思います。それだけ人が生活していくうえで靴は必需品になっています。靴を履かず、素足で外出する人はいませんし、マラソンをしたり、スポーツをしたりする人もいないわけです。だから靴は付加価値を持っています。

では、どこに参入障壁があるのでしょうか。マラソンで世界記録を連発できるような技術力でしょうか？　もちろん技術力も重要ですが、それ以上に圧倒的な差がつく部分があります。それはマーケティングにかけられる費用です。ナイキになると、マーケテイングにかける費用は年間４０００億円にも達します。大体、マーケティングにかける費用が売上高の10％前後なので、ナイキの売上高は４兆円程度になります。

マーケティングの費用とは、単純に広告を制作するための費用ではありません。たとえばプロテニス選手の大坂なおみ選手がナイキとパートナーシップ契約を結び、ナイキのウエアを着て試合に臨むとか、ゴルフだとタイガー・ウッズ選手がナイキのキャップを被っていることで知られています。このようなパートナー契約のことをエンドースメントといいます。あるいはちょっと昔だとバスケットシューズを開発するのに際して、NBAのマイケル・ジョーダン選手に履いてもらい、「エア ジョーダン」というブランド名を付けるといったことが該当します。

もちろん、タイガー・ウッズがナイキのキャップを被るにあたって、ナイキがキャップを無料提供して終わりなんてことはありません。契約金として億単位のお金が動いています。当然、選手側にも計算が働き、「自分は一流」だと思っているスポーツ選手は、ナイキからのエンドースメントを受けたいと考えます。そして、一流のスポーツ選手が使っているギアがナイキ製だと、それを見たアマチュアのスポーツ愛好家たちも、それを使おうとします。まさに広告塔ですね。

それだけのお金をマーケティングにかけられるほどの資金力を持ったスポーツ用品メ

ーカーがいくつあるのか、という話になると、ほとんどありません。世界的に見れば、ナイキの他にアディダスくらいのものでしょう。

日本のメーカーではアシックスが有名ですが、アシックスの売上高は３８００億円程度ですから、ナイキがマーケティングに使う年間の費用と同じです。これでは勝負になりません。まさにマーケティング費用こそが、最大の参入障壁である所以です。当然、新規参入なんて夢のまた夢だと思います。そのくらい、スポーツ用品メーカーではナイキが圧倒的に強いのです。

ちなみにナイキの前身は、米国で１９６４年に設立されたオニツカタイガー（現アシックス）の販売代理店でした。１９７１年にナイキという社名になり、90年代に「エア ジョーダン」や「エア マックス」の大ヒットで巨大化していったのです。

④レキットベンキーザー

先述のナイキは、完全な横綱相撲であり、同じ土俵で戦おうと思っても、端《はな》から勝敗が見えてしまいます。では、「圧倒的に大きい企業を選んでいればいいのか？ 小規模な企業には勝ち目はないのか？」なんていう声が聞こえてきそうです。

でも、ものごとはそれほど単純ではありません。規模が小さくてもやり方によっては

投資仮説（ユナイテッド・テクノロジーズ）

競争優位	人命を左右し得るエレベーターの安全面での世界的信頼（製品性能及びメンテナンス）
付加価値	エレベーターは都市生活における必須インフラ
長期潮流	世界の都市化に伴う建物の高層化

投資仮説（信越化学工業）

競争優位	生産量が物を言うシリコンウエハー市場で約3割の世界トップシェア
付加価値	シリコンウエハーは世界の多様な機器（スマホ、産業機械、電気自動車等）の生命線
長期潮流	半導体を用いる裾野市場の広がり（IoT、自動車等）

投資仮説（ナイキ）

競争優位	年4,000億円規模の膨大な広告投資
付加価値	トッププロ選手と同じウエアや靴という高揚感
長期潮流	人口増、経済成長、健康志向による市場拡大

投資仮説（レキットベンキンザー）

競争優位	広く日用品を扱うP&G等とのメガファームとの競合を避け、薬と日用品の中間的な製品市場に特化しグルーバルに高シェア
付加価値	世界の人々が安心して日常使いできるヘルスケア・ハイジーン製品の供給
長期潮流	新興国におけるヘルスケア・ハイジーン製品普及の拡大

競争優位性をもって戦うことも出来るのです。そういう会社を1社、紹介しましょう。

レキットベンキーザーというイギリスの会社です。ほとんどの人が社名を聞いても分からないと思いますが、「薬用石鹸《せっけん》ミューズ」と言えば、「ああ、あれね」と思ってくれるのではないでしょうか。

レキットベンキーザーは、トイレタリー製品を中心にした日用品、医薬品、食品メーカーです。この分野で世界的に有名な会社となると、P&Gやユニリーバが巨人として知られています。ナイキと同じで、これらの巨人と真正面からぶつかっても、横綱相撲を取られて終わりです。P&Gにしてもユニリーバにしても、マーケティングなどに莫大な費用をかけていますし、それと同じマーケティング費用をレキットベンキーザーが出せるかと言うと、それは不可能です。

そこで「薬用石鹸ミューズ」なのです。単なる石鹸ではなく、製品の性質を「薬品」に寄せることによって、顧客に単なる石鹸とは異なる価値を提供する作戦です。「薬用」というキーワードが従来の石鹸とは違うイメージを喚起するため、広告を打つに際しても、超有名なタレントを起用しなくても（つまり安い宣伝費でも）、何となく人々の記憶に残るのです。つまり、薬用石鹸という新しいマーケットを創ったのと同じであり、それによってP&Gのような巨人と真正面からぶつかることを回避しながら、利益をしっかり挙げていく。こういう戦い方もあるのです。

ちなみにレキットベンキーザーの利益率は、P&Gのそれよりも高いことを最後に付け加えておきます。

≪補講≫

資産形成で失敗しないために

長期投資が出来る仕組みをつくろう

個人が資産形成をするのであれば、まず長期投資が出来る仕組みをつくることから始めましょう。

まず、自分のフローとストックを見直してみて下さい。フローは毎月働くことによって得ている収入。ストックは毎月のお給料から少しずつ預貯金などに預け入れてつくられた蓄えです。ストックは預貯金や株式、投資信託、保険、将来受け取る予定の年金、そして持家の人は自宅などが含まれます。そのバランスによって、どの程度を投資に回せば良いのかが見えてきます。

すでにストックの部分が分厚い、つまり多額の資産を持っているという羨むべき人は、毎月のフローの中からかなりの額を投資に回せるでしょう。すでに保有している資産から得られる収益もあるので、それを合わせれば毎月の給料から生活費に回す金額は、少なくて済みます。その分、余剰資金が多くなるので、積極的に投資できます。

でも、そんな羨ましい人はそう大勢はいないと思います。

２０１９年11月に、金融広報中央委員会というところが「家計の金融行動に関する世論調査」の結果を発表しました。二人以上世帯を対象にした数字で見ていくと、年齢別の平均的な金融資産保有額は、次のようになりました。

20歳代……２２０万円（１６５万円）
30歳代……６４０万円（３５５万円）
40歳代……８８０万円（５５０万円）
50歳代……１５７４万円（１０００万円）
60歳代……２２０３万円（１２００万円）
70歳以上……１９７８万円（１１００万円）

カッコ内の数字は中央値です。平均を取ると、どうしてもたくさん貯蓄している人の金額に引っ張られて数値が高くなるので、実感としては中央値の方が近いと思います。中央値とは、最も回答が多かった金額、という程度に受け止めておいて結構です。

このように、20歳代と30歳代はまだ金融資産の保有額が少ないので、少しでもそれを増やすためには、フローの中から貯蓄などに回す金額を出来るだけ大きくする必要があります。とはいえ、たとえば手取り年収３００万円の家計で毎月３万円を資産形成に回すとなると、かなり節約した生活をしなければなりません。自分の収入に見合った額を資産形成に回すようにしましょう。年収３００万円だと単純に12カ月で割った１カ月の収入は25万円、手取りはおおむね20万円ですから、１万５０００円から２万円くらいなら何とか資産形成に回せるでしょうか。

その時に必要なのは、長期で資産形成が出来る仕組みを構築することです。そのためには、資産形成に回すお金を隔離することです。たとえば毎月２万円を資産形成に回すと決めたら、月20万円の手取り収入から２万円を外してしまい、残りの18万円で生活する工夫をします。

でも、この２万円を給与が振り込まれた銀行口座のＡＴＭから自分で引き出して、何か他の金融商品を買おうとすると、十中八九は失敗します。きっと長続きしません。自分で引き出すのではなく、自動的に銀行口座から２万円が引き落とされ、そのまま投資に回るような仕組みをつくることが肝心なのです。

その意味では、iDeCoのような確定拠出年金は利用価値が高いと考えられます。何しろ月々の積立資金は銀行口座からの自動引き落としですし、中途解約のハードルが非常に高く設定されています。つまりなかなか解約させてもらえません。だからこそ、強制的に資産形成できるのです。

しかも、iDeCoをはじめとする確定拠出年金は、税制面のメリットもあります。なので、まずは確定拠出年金を活用して、長期の資産形成が出来る仕組みをつくるようにしましょう。

公的年金が破たんすることはない

どうして私たちは資産形成をしなければならないのか。その答えは、将来受け取る予定の年金が減るからです。しかし、世の中には物事を大袈裟に考える人が多いようで、年金財政が厳しいという話になると、いきなり「年金破たん」というところまでワープしてしまいます。

はっきり言っておきますが、国民年金や厚生年金といった公的年金が破たんするようなことはありません。

年金破たんのイメージをどう考えているのか、私には今ひとつよく分からないのですが、多くの人がイメージしているのは、恐らく「年金」というお金をプールしておくところがあって、そこに入っているはずのお金が無くなってしまい、誰も年金を受け取れなくなる日が来る、という感じではないでしょうか。

もし、そのようなイメージで年金破たんに恐れおののいているのだとしたら、無駄以外の何物でもないので、年金破たんなんて忘れてしまいなさい。

なぜ破たんしないと言い切れるのかというと、そういう仕組みだからです。

本当に誤解であるとしか言いようがないのですが、どうも年金を積立貯蓄のイメージで考えている人が結構います。自分が現役時代に働いて得た給料の一部を年金保険料として支払い、それがどこか自分の口座にプールされていて、年金を受け取る時期になると、その中から自分が積み立てた分をきちんと受け取るというイメージです。

そうではありません。日本の公的年金は「賦課《ふか》方式」といって、現役世代が保険料を払い、その保険料でもって高齢者が受け取る年金が賄われる形になっています。この方式を続ける限り、年金財政が破たんすることなどありえないのです。

ただし、日本の人口は高齢者が長生きする一方、子供の数がどんどん減っていますから、年金の支え手は将来的に減少傾向をたどっていきます。ちなみに１９５０年時点で

高齢年齢階層人口と現役年齢階層人口の比率

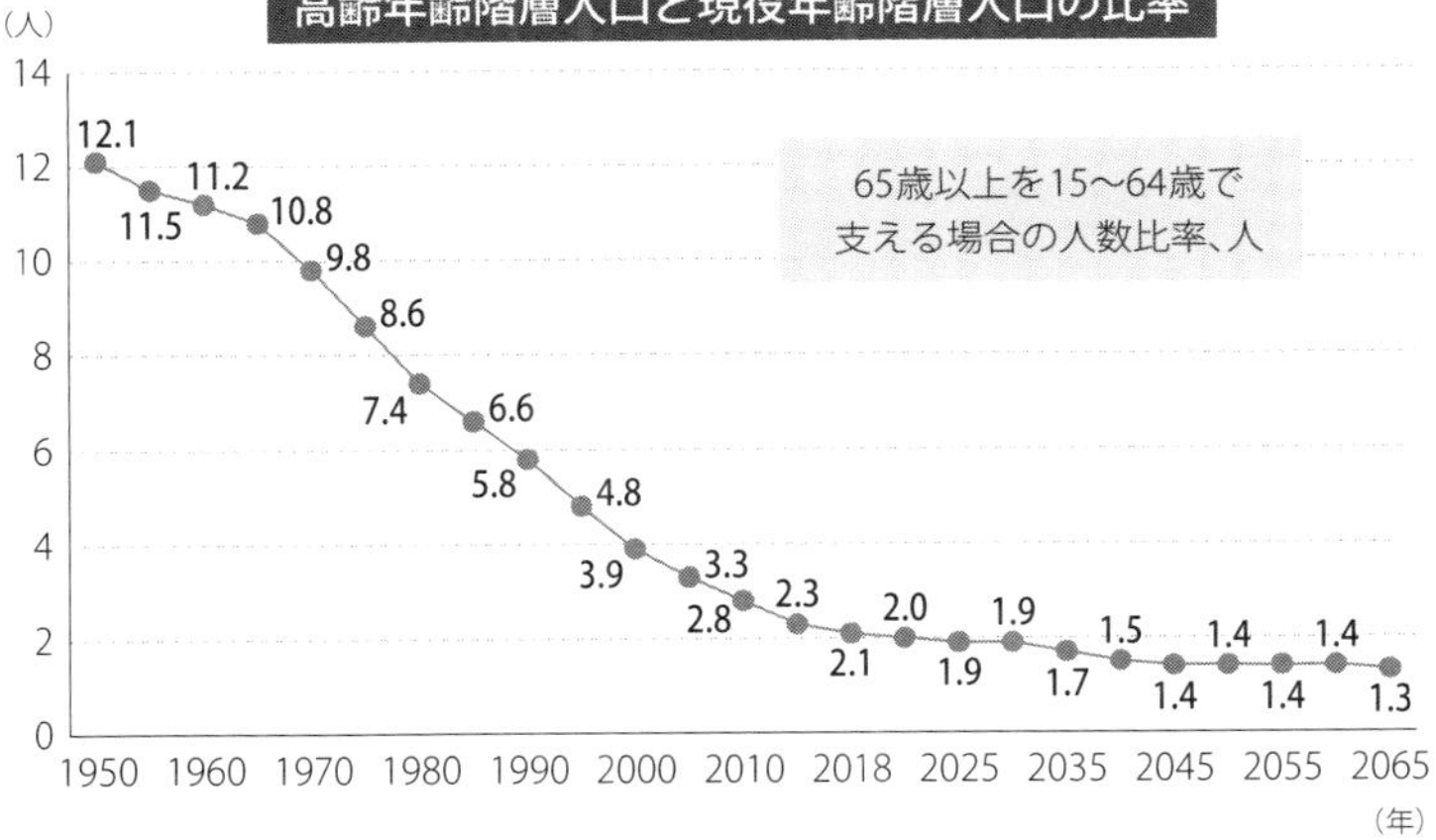

出典：高齢社会白書（2019年版）

は、高齢者１人を支えている現役世代の人数は12・１人でした。当時は今よりも寿命が短く、一方で若い人が大勢いたので、このような構造になっていたわけですが、２０１８年時点では２・１人の現役世代で１人の高齢者を支える形になっています。そして２０６５年には１・３人の現役世代で１人の高齢者を支えることになります。

そうなると、答えは簡単です。年金財政が破たんすることはないものの、段々と受け取れる年金の額は減り、その一方で現役世代が負担する保険料が上がっていくというわけです。

保険料負担が重くなる反面、受け取れる年金の額が減るという流れは、それこそ不可逆的なもので、今後も続いていきます。

ですから、もし年金受給世代になった時に生活水準をそれなりに保ちたいと考えたとしても、公的年金制度だけで賄うことはほとんど不可能だと考えてください。年金制度は老後の生活のサポートの一部だと割り切って、中年のうちから自分用の年金を作るようにしましょう。それがiDeCoです。

個々人が自分でどういう生活水準で老後を過ごしたいのかをイメージして、それに必要な資産を自分で築いていく必要があるのです。

個別株に投資していい人、いけない人

ここまで個別銘柄に投資することの意義について、さまざまな観点から話をしてきたわけですが、資産形成を前提にした株式への長期投資を行うのであれば、少なくとも会計の知識は持っておいた方が良いと思います。その知識が全くないのに、ただ単にその会社のことが好きだからとか、株主優待目当てに投資するというのは、完全に間違っています。

よく考えてみて下さい。その会社のファンだからという理由で投資するのは、前にも言いましたが「応援する」投資と全く同じです。株式への長期投資で大事なのは利益であり、その利益を伸ばしていくことが出来る参入障壁の存在です。あなたが「ファン」だとおっしゃるその会社は、きちんと参入障壁を築けているのでしょうか。はなはだ怪しいとしか言いようがありません。ファンだから投資をするという発想の人は、個別株投資をしない方が良いでしょう。

同じく、株主優待目当てで投資する人も同じです。よくいるのがお店で使える優待チケット目当てで外食産業の株式に投資する人。日本の外食産業なんて、大半の会社が上場ゴールだという話をしました。そんな会社の株式に投資しても、利益の増加は期待できません。それなのに、「株主優待がお得だから」という理由で会社を選んでいる人は、そもそも長期株式投資のなんたるかを全く理解できていないので、やはり株式投資には近づかないことをお勧めします。よく考えていただきたいのですが、株主優待を出すということは、結局のところ会社の価値を切り売りしているだけに過ぎないのです。これは身の丈以上の高配当を出す会社も同じです。

もちろん、配当や株主優待によって出ていくお金以上に、ガンガン稼げる会社であればまだマシですが、利益が横ばいだったら、配当や株主優待は将来的に株価を下げる要因でしかないのです。

会計に関する知識を持っていれば、この程度のことはすぐに分かるものです。でも、多くの人が会計のことを知らないから、高配当銘柄や株主優待銘柄を有難がって投資するのです。株式の個別銘柄に投資したいのであれば、会計に関する最低限の知識は身に着けることです。出来れば、証券アナリスト試験の1次を通る程度の知識を持っていた方が良いでしょう。

ちなみに、ここまで申し上げたのは、私のような長期投資を前提にした株式投資をする場合の話です。短期で売買するのであれば、会計の知識はほとんど必要ないので、好きなように売ったり買ったりを繰り返せば良いでしょう。ただし、それはあくまでもギャンブルであるということだけはお忘れなく。

配当についての誤解

株式配当についてもとにかく高いほうが良いと考える人も多いようですが、これも典型的な会計知識不足です。一部のタバコ株や銀行株のように今期の予想配当利回りが7%以上になるものも出てきて、「これはお得だ」と思う人も多いようです。もし、お得だと思っているタバコ会社がその配当を将来にわたって出し続けることができるなら、つまりその配当の原資になる利益を十分に出し続けることができるのなら、たしかにこの配当利回りは魅力的だし、とてもお得であることは完全に同意です。

ただ、今期の配当であるとか、この数年の中短期的な配当維持見込みだけでお得だと思うのは早計です。なぜなら、配当とは単純な言い方で表現すると「タコが自分の足を食っている」状態だからです。これは丁寧に説明しなければならないでしょう。というのは、この議論はファイナンスに通じているはずの同僚や先輩と話をしていても混乱してしまうからです。

株式配当と似た概念に債券のクーポンがありますが、債券の場合はクーポンと額面は切り離されており、償還時にその債券の発行体に何もなければ（倒産など）額面元本が戻ってきます。しかし株式には元本という考え方はなく、あるのは株価だけです。そして配当が支払われる度に確実に株価は下がります。（これを配当落ちといいます）。つまり、配当前の株価＝配当後の株価＋配当なので、配当が高ければその分、配当落ち後の株価は下落し、株主にとっては完全に差し引きゼロなのです（正確には税金分だけマイナスです）。簡単に言うなら配当受取りとは、右のポケットから左のポケットに税金を引かれて移す行為なのです。

本当に競争力が高く成長機会の大きい企業を保有する場合は、高い配当はむしろ株主にとってマイナスとなります。なぜなら、保有している企業が配当部分を成長投資に回し、高いリターンを上げることができるとすれば、その配当を受け取ることは将来の企業価値増大を先食いすることであり、複利効果をあきらめることになるからです。実際にアマゾンやグーグル等の競争力が高く今後の成長機会の大きな企業や、バフェット氏のバークシャー・ハサウェイが無配であることは、発行体・投資家双方にとって合理的なのです。

確かに高配当企業のリターンが市場平均よりも高い、という研究結果もありますが、この現象は理論的には「アノマリー（例外）」として処理されます。アノマリー（Anomaly）とは、現代ポートフォリオ理論や相場に関する理論の枠組みでは説明することができないものの、経験的に観測できるマーケットの規則性のことです。

アノマリーの代表的なものとして、「小型株効果」、「低PER効果」、「1月効果」などがあります。高配当企業のリターンアノマリーの背景についての個人的な解釈としては、きちんと配当を出し続けている会社は、経営者が利益を無駄遣いすることなく、きちんと株主に対して分配を行う信用に足る会社であるとの推定が投資家の間で働いているというものです。

つまり大事なことは「（配当の原資でもある）利益を出し続けるほど強いのか」ということに尽きます。先述のタバコ会社についても「今後将来にわたって減配することはないよね」と思えるかどうかですね。タバコの健康被害が１００％医学的に確認されるなかで長期的な趨勢をどう考えるかは個人の見解でしょうか。

このように企業価値にとって、配当は短期的にはプラスもマイナスもありませんが、長期的には企業が営む事業の経済性によって異なります。判断する上で最も大事なことは、配当の有無そのものではなくて、その企業にとっての投資機会の有無と競争力の有無なのです。

インデックスかアクティブか

人生１００年時代のなかで資産形成が必要であることはわかりました。でも、個別企業の株式に投資するにあたっては会計の知識が必要となると、どうしてもハードルが高くなります。会計の知識はないのだけれども、資産形成の必要性も感じているという人は、ひとまず投資信託（ファンド）を買うという手があります。

株式を組み入れて運用する投資信託には、ざっくり申し上げると「インデックス型」と「アクティブ型」があります。結局、どっちを買ったら良いのかという話に終始してしまいがちなのですが、大事なことはきちんと中身を理解してから買いましょうということです。

インデックス型とは、要するに市場全体を買うというイメージの投資信託です。株価インデックスといって、株式市場全体の動向を示すインデックスがあり、それに運用成績が連動するようなポートフォリオで運用します。日本株であれば、日経平均株価に連動するタイプと、ＴＯＰＩＸ（東証株価指数）に連動するタイプが双璧といっても良いでしょう。米国だとＳ＆Ｐ５００に連動するタイプが主流です。

中身を理解してから買いましょうと言ったのは、インデックスであれ、アクティブであれ、結局、投資信託に含まれているのは「企業の株式」だからです。その投資信託に含まれる企業群が利益を増やすことができるかどうかで、皆さんの資産の増え方が大きく違ってきます。

よく「インデックスファンドを長期で保有しましょう」といった話を耳にするのですが、それなら日経平均株価に連動するインデックスファンドを１９８９年に買って、以来30年以上にわたって保有した人は今、報われたでしょうか。

答えはノー、です。日経平均株価は１９８９年12月に３万８９１５円の高値を付けましたが、２０２０年２月時点では２万３０００円台ですから、全く高値を更新していません。ＴＯＰＩＸも同じです。つまりこの30年間、日本株のインデックスファンドに投資し、保有し続けていたとしても、全く収益が得られていないのです。

でも、同じインデックスファンドでもＳ＆Ｐ５００など米国の株価インデックスに連動するインデックスファンドを買った人は、かなりの運用収益が得られているはずです。

なぜそんなに違いがあるのかということですが、これは本当に素晴らしい会社でなければ、Ｓ＆Ｐ５００の５００銘柄に入れてもらえないからです。会社としての魅力が無くなったら、あっという間にＳ＆Ｐ５００の対象から外されます。

これに対してＴＯＰＩＸなどは、東証１部上場企業全銘柄が対象です。よほどのことがない限り上場廃止になりませんから、新陳代謝が全く進みません。よく「インデックスファンドはコストが安いからいい」という話を耳にしますが、中身が悪かったらどれだけコストが安かったとしても、そこに投資してはダメだということです。

たとえるなら、S&P500がプロ野球のオールスターチームだとすると、TOPIXなどはさしずめアマチュアとプロの老若男女混合チームのようなものです。

ある意味、S&P500というのは、指数そのものがアクティブ運用であると考えることも出来ます。かなりダイナミックに銘柄の入れ替えを行っていますから、私は世界最強最大のアクティブファンドマネジャーであるとすら思っています。

では、アクティブファンドはどうでしょうか。アクティブファンドとは、銘柄の選別が生命線のファンドで、今申し上げたような株価インデックスの値動きに関係なく、高いリターンを目指す運用を指します。

ただ、世間でよく言われるのが「アクティブ運用はインデックス運用に勝てない」ということです。

その理由として「アクティブファンドはコストが高いから」と言われますが、それは違います。そもそも本気で銘柄を選びに行っていないからです。

この世の中にある大半のアクティブファンドは、組入銘柄を選ぶにあたって業種の構成をインデックスに合わせます。たとえば銀行は何%で、電機は何%、自動車は何%というように、ほぼインデックスと同じ業種構成比率にしたうえで、銀行はみずほフィナンシャルグループではなくて三菱UFJフィナンシャル・グループにしようとか、自動

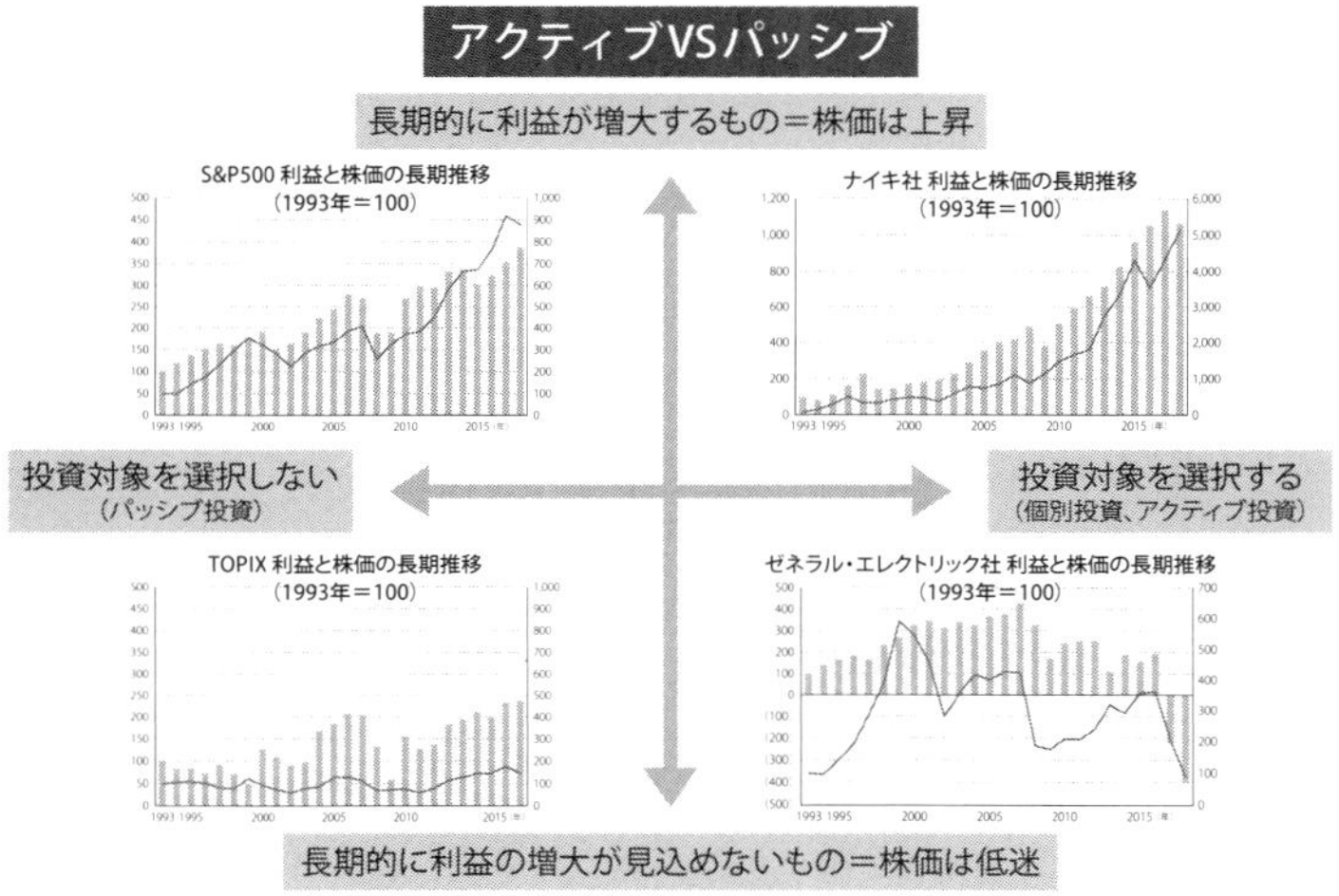

車は日産自動車ではなくトヨタ自動車にしようというように選別していくのです。何ともダイナミズムのない、つまらない運用をしています。

私に言わせれば、たとえば日本株のアクティブ運用を行うなら、銀行のように何の価値も生み出していないような業種は、最初からポートフォリオに入れません。でも、それが出来ないのが日本のアクティブ運用なのです。

なんでそんなことになってしまったのかというと、やはりインデックスに負けると上司から怒られるのでしょうね。怒られないようにするには、運用成績がマイナスになった時でも、少なくともインデックスのマイナス幅と同じ程度に納めておきたいわけで、そのためにはポートフォリオの内容を、インデックスから大きく外さない形にしておく必要があります。だから、インデックスとほぼ同じ業種構成比率にしたうえで、銘柄の選別を行っているのです。ところが、それではコストを吸収できるだけの運用成績を挙げることが出来ず、結果的にコストの分だけインデックスに割負けするという結果を招いているだけなのです。

肝心の、何を選べば良いのかということですが、米国のS&P500みたいな、エクセレントカンパニーばかりで銘柄構成をしているインデックスであれば、それを選んでも良いでしょう。日本株のインデックスファンドを選ぶのは論外で、それならアクティブファンドを選んだ方が幾分かマシかも知れません。要は、インデックスなのかアクティブなのか以前の問題として、そのファンドの中身が利益を上げ続ける企業で構成されているのかどうかということなのです。利益を上げ続けることができない企業で構成されているのなら、そもそも長期的な株価の上昇を見込むことなどできないので、アクティブなのかパッシブなのかを考えるだけ無駄というものです。

ここで、アクティブファンドを選ぶ際に気を付けたいポイントを説明します。

まず、そのファンドの中身は何で、誰がどのような考え方で選定しているか、を理解しましょうということです。ファンドの運用者は誰か、その運用チームの哲学、運用手法、組入銘柄の中身はどういったものかなどを吟味して、あなたの虎の子のお金を預けるに足るクオリティをもった投資信託を選ぶ必要があるでしょう。

その際に参考になるのが、その運用会社のホームページ、お目当ての投資信託の月次報告書、定期的に行われる報告会などです。そういった機会を利用してできるだけファンドの中に何が入っているのかを理解するようにしましょう。もし、そういったものを見ても中身がイメージすらできないようであれば、そのファンドの購入は控えた方が賢明です。

そして納得のいくファンドを見つけた後に、そのファンドの手数料をみましょう。運用に対する納得感に対して手数料が安いと感じるのであれば、その投資信託を買うことが正しい選択となるでしょう。やってはいけないことは、とにかく手数料の安さだけでファンドを選ぶことです。結果は他のいろんな買い物と同じで「安物買いの銭失い」となるでしょう。

それから、もしあなたが本書で述べたような長期投資を行いたいと思っているのなら、絶対に避けるべきことは、証券会社のセールスマンに何に投資するべきかを尋ねることです。それはあたかも床屋にいって「散髪をしたほうがいいですか」と尋ねるようなことと同じです。彼らは彼らが売りたいもの、彼らにとって収益性が高いものを勧めてきます。それはセールスマンの人間性の問題ではなく、証券会社のビジネスモデルだからです。

ほとんどの日本人が「株式のプロは誰?」という質問に対して「証券会社の人」と答えますが、完全な間違いです。証券会社のセールスマンは株式を売買させるプロであって、運用のプロではありません。あなたに株式や投資信託を売買させることで収益を得るというビジネスモデルである以上、あなたに長期投資を勧める可能性はほぼありません。長期投資されると売買が頻繁には発生しないので、彼らは儲からないのです。

とはいえ、本当に信頼できるセールスマンもいると思います。そのセールスマンに「あなたが勧める投資信託をあなた自身は買っていますか」と聞いてみましょう。ある意味のリトマス試験紙になるはずです。

国際分散投資と為替リスク

海外の株式市場に投資する場合、為替リスクが気になって仕方がないという人が結構いますね。

1ドル＝110円の時に20ドルの米国株に投資しました。日本円で2200円です。その後、株価は25ドルに値上がりしたものの、為替レートが1ドル＝80円になったとします。この場合、日本円で2000円になりますから、円ベースで見ると損をしているように見えます。

まあ、確かに円建てで評価すると為替差損が生じている形になるわけですが、だからといって日本株に投資すれば為替リスクがないのかと言うと、決してそんなことはありません。

これは、どこを入り口にして見ているのかという問題ですね。

たとえば日本株は円建てで株価が表示されていますから、先ほどの米国株の事例のように直接、為替レートの値動きが評価額に影響を及ぼすことはありません。

でも、入り口を株式ではなく、事業にすると話が違ってきます。私たちはあくまでも事業に投資しますから、その観点で見れば、たとえ日本企業の株式といえども、為替リスクが内包されていると考えるのです。

たとえばトヨタ自動車はグローバル企業です。ということは、国境を越えて行っているビジネスのすべてにおいて為替リスクがあります。

では、内需関連といって日本国内で商売をしている会社は為替リスクを取っていないのかというと、これも違います。たとえば、日本国内で食品加工販売をしている会社は、日本の国内中心の事業だから為替リスクと無縁なのかというとそうではありません。実は食品加工の原材料を海外から輸入していたりします。日本は米以外は輸入に頼っていますから当たり前ですよね。当然、輸入に関しても為替レートが影響しますから、内需中心の会社であったとしても、やはり為替リスクを避けることは出来ないのです。

何を選ぼうとも為替リスクは常にあるという諦念を持つことが大事です。為替リスクをゼロにすることは出来ません。企業がグローバルな関わりを持ちながら事業を営んでいる以上、日本企業であっても鎖国でもしない限り為替リスクは取らざるを得ないのです。それをあなたが海外株式に投資する時に直接的に為替リスクをとるのか、国内株式に投資をして間接的に為替リスクを取るのかの違いなのです。

ちなみに、為替レートは単なる通貨の交換レートでしかありません。交換レートなので、先進国同士であればどちらか一方に大きく動くことにはならないと考えるべきです。もちろん、一時的に大きく円安、もしくは円高に動くことはありますが、ある程度、長い目で見ると、再び居心地の良い水準に戻ってきます。そういう存在なので、為替自体は投資対象になりません。

また、資産運用には「国際分散投資」という考え方があって、日本だけでなく米国、中国、アセアン諸国、欧州、中東というように、世界中の株式に分散投資した方がリスクは低くなるのと同時に、アセアンなど新興国の成長を取りに行けるという考え方があります。

この考え方も全く見当違いです。特定の国・地域が成長するから株価も上がるというのは、はっきり言って幻想です。一国の成長とその国に上場している企業が生み出す利益は、必ずしも連動しません。

たとえばアジア経済がまだまだ伸びるとしましょう。その時、最も大きな利益を得られるのは、アジアの地場企業でしょうか。違います。アジアの成長を最も享受できる企業の一つの例としては米国のウォルト・ディズニーが挙げられます。現在、アジアでは東京、上海、香港の3か所にディズニーランドを展開していますが、魅力的で集客力のあるテーマパーク運営において、ウォルト・ディズニーを超えられる会社はないでしょう。当然、アジアの一企業がこのジャンルでウォルト・ディズニーの向こうを張ろうとしても、尻尾を巻いて逃げることになるのは目に見えています。

つまり大事なことは、企業がたたき出す利益なのです。そして、その利益をサポートする参入障壁の存在です。そういう会社に複数投資した結果として、いくつかの国に分散投資されているということはありますが、それは単なる結果です。最初から国際分散投資ありきという考え方は、根本的に間違っているのです。

おわりに

投資は知の総合格闘技である

投資を始めれば——もちろんここで言う投資とは、短期で売買を繰り返すギャンブルのような投機ではなく、企業の力を見極めて長期で育てていく投資です——世界の見方が変わってきます。そうして得た知見は、あなたを必ずビジネスパーソンとして何段階も上の世界へ導いてくれるでしょう。

ここで一つ言っておきたいのは、「楽をして短期的に儲けようと思うな」ということです。投資であってもビジネスであっても、土台となる知識とそれらを組み合わせて「自分の頭で」考える習慣が必要です。それらは決して一朝一夕に修得できるものではなく、努力と時間をかけて積み上げていかなければなりません。しかし、それらの知識、習慣は決して特殊なものではなく、私たちが中高生のときから学んできたものばかりですから、何も恐れることはないのです。

英語を話したり読んだり出来ないと、海外企業には投資出来ません。海外企業の事業に関する資料も読み込めないし、現地の社員と話すことも出来ない。逆に英語が出来れば、海外企業に投資する際のハードルが一気に下がります。世界の共通言語としての英語を道具として使える必要があります。

また、ビジネスの共通言語として会計の知識も、英語同様、もしくはそれ以上に必要です。貸借対照表や損益計算書、あるいはキャッシュフロー表などの財務諸表を知らなかったら、投資先の経営状況を把握することが出来ません。そしてその企業の財務諸表を分析するためには、簡単な四則演算や統計学の知識が必要になります。したがって、米国の企業に投資するとしたら、英語や会計、四則演算や統計学などの知識が必要になるのです。

これらの土台となる知識を横糸だとすると、投資経験、ビジネス経験という縦糸と組み合わせて考えることで、はじめて投資やビジネスにおいて使える武器になるのです。知識は必要に応じてアップデートしなければなりませんし、経験は成功も失敗もどんどん積んでいかなければなりません。知の総合格闘技に終わりはありません。

もし、この本を高校生で手に取って下さった方がいらっしゃるなら、今、「めんどくさいな〜」と思いながら頭の中に詰め込んでいる知識が、いずれビジネスの世界に足を踏み入れた時、どこかで必ず役に立つ日が来ます。だからとにかく今は勉強に励むことをお勧めします。

大学生なら次のステップは就職ですから、自分が就職を希望している会社の業務内容、現在の財務状況、業績などを把握して、自分はなぜその会社に入りたいと思っているのかを整理しておくことが大事です。「自分が社長だったらこうするのに」と考え、想像しましょう。

就職して給料がもらえるようになったら、この本で紹介した長期投資のアプローチを実際の投資を行う中で磨いていきましょう。時には成功し、時には痛い目にもあうでしょう。しかし、そこで受ける損失などは、長い人生の中では必ず取り返すことができます。なぜなら自らの頭で事業の経済性を考え、どの事業にお金を投資するのかを考える長期投資の思考法は、ビジネスの本質だからです。昇進や転職、起業に必ず役に立つからです。

このアプローチの精度が上がってくれば、当然にあなたの給料も増えます。そしてその一部を積み立てながらコツコツ投資することで、あなたの資産も長期投資の複利効果を活用しながら、時間の経過とともに累乗的に増大していきます。長期投資とビジネスはまさに完璧な相乗効果を発揮する美しい組合せなのです。

この組み合わせを実現するには努力と時間が必要です。しかし時間の経過とともに、あなたはキャリア的にも経済的にも独立した状態をつくることができます。そしてその過程の中で、精神的な自立を果たし、真に自由な豊かさというものを手に入れていることでしょう。

こう書くと、一生勉強し続けなければいけないようで、辛く感じるかもしれません。しかし、成功する人は皆、必ずそうしているのです。楽をして成功した人はいません。ただし、本当に成功できる人は、学ぶことを苦痛とは感じていません。むしろ努力することを楽しんでいます。学ぶことを楽しんでいます。

そして、旺盛な知識欲と実行力で邁進していった先に、見たことのない新しい景色が見えてくるのです。

新しい景色を求めて邁進する人が一人でも二人でも増えてくれることを願って、ペンを置きたいと思います。

［著者］
奥野一成（おくの・かずしげ）
農林中金バリューインベストメンツ株式会社　常務取締役兼最高投資責任者（CIO）
京都大学法学部卒、ロンドンビジネススクール・ファイナンス学修士（Master in Finance）修了。1992年日本長期信用銀行入行。長銀証券、UBS証券を経て2003年に農林中央金庫入庫。2007年より「長期厳選投資ファンド」の運用を始める。2014年から現職。日本における長期厳選投資のパイオニアであり、バフェット流の投資を行う数少ないファンドマネージャー。機関投資家向け投資において実績を積んだその運用哲学と手法をもとに個人向けにも「おおぶね」ファンドシリーズを展開している。

ビジネスエリートになるための
教養としての投資

2020年5月27日　第1刷発行
2023年8月30日　第10刷発行

著　者――奥野一成
発行所――ダイヤモンド社
〒150-8409　東京都渋谷区神宮前6-12-17
https://www.diamond.co.jp/
電話／03･5778･7233（編集）　03･5778･7240（販売）
構成――――鈴木雅光
装丁･本文デザイン―トサカデザイン（戸倉巌、小酒保子）
DTP・図版作成―スタンドオフ
校正――――鷗来堂
製作進行――ダイヤモンド・グラフィック社
印刷――――信毎書籍印刷（本文）・新藤慶昌堂（カバー）
製本――――ブックアート
編集担当――亀井史夫

ISBN 978-4-478-10991-5